MIO PADRE LITTLE TONY

Prima edizione: maggio 2021 - Seconda edizione: giugno 2021

Bertoni Editore
www.bertonieditore.com
info@bertonieditore.com

Cristiana Ciacci e Teresa Giulietti

MIO PADRE LITTLE TONY

BERTONI

Simba: «Conoscevi mio padre?»
Babbuino: «Errore, io conosco tuo padre.»
Simba: «Beh, mi spiace ma lui è morto.»
Babbuino: «No, lui è vivo e se vuoi ti porto da lui.»
Simba: «Ma quello non è mio padre, sono io riflesso nel lago.»
Babbuino: «Guarda meglio, vedi: lui vive in te.»

(da *Il re leone* di Roger Allers)

Prefazione di Mara Venier

Tony era ed è musica.

Little Tony è stato per tutti noi il cantante dei sentimenti, oltre che il ragazzo col ciuffo alla Elvis, bello da morire, amato dalle donne, imitato dai musicisti saliti alla ribalta dopo di lui. Chi di noi non si è innamorato con la sua voce in sottofondo?

Io ho avuto la fortuna di conoscerlo, di frequentarlo, di essergli amica e di capire quanto il suo cuore fosse un luogo speciale capace di accogliere tutti, senza distinzioni.

Anche lui, come me, veniva dal basso, dal popolo. Anche lui, come me, non lo ha mai nascosto. Anzi, ne andava fiero. Era il suo cavallo di battaglia. Tony non ha mai dimenticato le sue origini, i suoi amici d'infanzia e di scorribande, ai quali anche nel pieno del suo successo ha sempre fatto ritorno.

In questo libro Tony smette di essere il cantante famoso che noi tutti abbiamo amato per diventare soltanto il padre della sua Cris, una figlia che ha adorato e che avrebbe sempre voluto proteggere, ma che, a tratti, avrebbe anche desiderato diversa dalla ragazza che era: più simile a lui, spumeggiante, leggera, una cittadina del mondo.

So bene anch'io, per essere stata madre, personaggio pubblico e donna di spettacolo, quanto i due mondi possano cozzare perché non è facile trovare la "giusta misura", quella che antepone alla carriera l'amore per i propri figli, la cura, la presenza che necessitano. Spesso la qualità di un rapporto si ricava anche dalla quantità del tempo che si è disposti a dedicargli.

Tony era innamorato della sua musica. Era musicale in tutto quello che faceva. Lo era mentre parlava, quando rideva, sul palco come dietro le quinte, lo era nell'affrontare ogni aspetto della vita. Una nota musicale, spavalda, solare, sorridente anche quando soffriva per amore.

E adorava il suo pubblico, la sua seconda famiglia, una tribù appassionata che non lo ha mai abbandonato. Nemmeno dopo la sua dipartita. Raramente ho incontrato in un artista tanta riconoscenza e devozione verso i propri ammiratori.

Tony ha continuato a cantare e a esibirsi anche nel pieno della sua malattia, gli bastava salire sul palco per dimenticare, anche solo per un attimo, il "morso" del dolore.

E Cristiana è stata una figlia in perenne attesa di un suo ritorno, di un abbraccio, di una casa che fosse famiglia, radicamento, presenza. Ammiro la franchezza con cui ha saputo raccontarsi in questo libro, così ricco di aneddoti, di momenti intimi che ha deciso di condividere con tutti noi.

Non so cosa direbbe Tony leggendo. Forse impugnerebbe la sua chitarra e le dedicherebbe una canzone.

Sopravvissuta

Da bambina sognavo di fare la ballerina e di essere guardata con ammirazione da mio padre. Ho sempre cercato il suo sguardo, la sua approvazione. Quando me la concedeva mi sentivo finalmente a casa.

Non succedeva spessissimo perché era sempre impegnato in nuovi progetti, sempre di corsa e in partenza per una tournée o alle prese con una fantasia a cui dare forma. Raramente mi includeva nel suo mondo, non c'era tempo, non c'era spazio. Non ero prevista. Ero una piccola comparsa con poche battute da recitare, più o meno sempre le stesse. Nessun ruolo da protagonista, piuttosto una figurina mansueta addestrata a sfiorarlo appena, *il mondo di papà.* Seduta in prima fila assistevo all'evolversi di una vita a cui non ho mai sentito di appartenere del tutto.

Ma quando mio padre mi accoglieva dentro i suoi occhi profondi, e anche un po' spavaldi, mi sembrava di essere davvero una ballerina con tutù e scarpette da punta su un palcoscenico scintillante. Forse un giorno sarei diventata anch'io una numero uno e la gente mi avrebbe applaudito. Mio padre, in prima fila, con una delle sue giacche con le frange e il ciuffo scolpito dalla gelatina.

A mia madre non interessava affatto la danza, né tantomeno che io diventassi "qualcuno" o finissi in copertina. Non dovevo inseguire alcuna idea di perfezione, nessun modello che non fossi io: Cristiana. Bastava così. Importava solo migliorarmi attraverso lo studio e imparare a dare ascolto alla mia testa. Studiare, conoscere e ragionare in modo autonomo per non permettere a nessuno di volermi diversa.

«Io sono la figlia di Little Tony.» Per un periodo della mia vita l'ho ripetuto almeno quanto il mio nome sentendomi una privilegiata. Capitava che lo dicessi alle mie compagne di scuola, alle commesse dei negozi, alle cassiere del supermercato, ma anche alle colleghe della mamma quando ogni tanto la accompagnavo in un viaggio di lavoro. A noi figli era riservata una poltrona da comuni passeggeri, ma quasi mai restavamo al nostro posto durante la percorrenza: volare e osservare quello sprazzo di cielo in movimento dalla cabina di pilotaggio era molto più avvincente.

Accanto al pilota e a tutti quei marchingegni luminosi, con cui riusciva a non perdere mai la rotta, il viaggio era un'avventura spaziale, alla *Goldrake*. Sorvolavamo oceani, isole e continenti come fosse la cosa più naturale del mondo e io, tra tutti quei gingilli e la figura salda del pilota, mi sentivo al sicuro. La mia vita era al sicuro.

Anche il comandante, i suoi figli e i figli delle hostess, persino l'impeccabile steward che sembrava un maggiordomo telecomandato, tutti dovevano sapere chi fossi: la figlia del grande Little Tony. Ne andavo così fiera. Lui non era un papà come tutti gli altri, aveva un non so che di diverso e di molto speciale, un segno distintivo come tutti i supereroi. E, infatti, quando lo nominavo succedeva sempre qualcosa di magico, il suo nome accendeva sorrisi e slanci d'affetto e induceva le persone a canticchiare qualche suo ritornello.

Fintanto che, un giorno, accadde qualcosa che davvero con la magia aveva ben poco a che spartire. Capitò quando mia madre, con un grugno da far paura, mi prese da parte e mi fece sentire piccola e sciocca. Non capivo come mai quella cosa le potesse recare tanto fastidio. Che c'era di male nel dire la verità? Io ero davvero la figlia di Little Tony. Affermarlo mi rendeva importante, la gente - e ormai lo avevo capito - se riveli certe cose ti guarda con occhi diversi.

Quella frase era il mio *Abracadabra*, una formula magica che mi garantiva approvazioni e io ne avevo così tanto bisogno. Era giusto che tutti scoprissero chi fosse mio padre, il mio supereroe con le giacche colorate e una voce calda che sapeva mettere tutti d'accordo. Se lui era così speciale dovevo esserlo un po' anch'io. Per riflesso o *diritto genetico.*

«È questa la cosa più importante che sai dire di te stessa?» Fu il rimprovero di mia madre.

«Tu non sei la figlia di Little Tony! Tu sei Cristiana!»

Annuii senza troppo entusiasmo. Il mio nome di battesimo avrebbe sortito lo stesso effetto sugli altri? Non lo credevo affatto. *Cristiana, la figlia di Little Tony* suonava meglio, era il mio giro di Do.

All'epoca ero davvero troppo giovane per comprendere il senso delle sue parole. Ora so che la mamma voleva solo proteggermi. L'ho capito molto più avanti imbattendomi nelle amichette che papà si portava al casale e che cercavano di diventare mie amiche. Ma io no! Le detestavo e non facevo nulla per farle sentire accolte. Se non fossi stata la figlia di Little Tony nemmeno mi avrebbero degnata di uno sguardo. Hai voglia a moine e sorrisetti!

«Più sai e meno soffrirai, solo la conoscenza ti salverà» diceva mia madre perforandomi col suo sguardo intenso.

«Non ti fare mai offrire da un uomo più di tre cene di seguito, si sentirà in diritto di pretendere qualcosa in cambio.» Qualcosa? Che cosa? Per me erano frasi strambe, preferivo i ritornelli delle canzoni di papà, i suoi modi di dire così schietti. Ma quando mia madre pronunciava quelle parole qualcosa si smuoveva dentro al petto, come se fossero uscite dalle pagine del Vangelo.

Mia madre era una donna forte e intraprendente, cocciuta e determinata e non spendeva energie per diventare qualcuno di diverso da quello che era. No, lei desiderava essere, ogni giorno, esattamente Giuliana. Una donna libera con le ali al posto dei piedi. Nessun principe azzurro capace di salvarla. Mia madre, come ha sempre detto, si era salvata da sola e avrebbe continuato a farlo. Lo stesso avrei dovuto fare io.

L'essere nata donna non l'ha mai considerato un privilegio. Figlia di una generazione ancora intrisa di vecchi retaggi maschilisti, deve essersi sentita limitata nelle sue scelte, il fiato sul collo di una società diffidente nei confronti del talento femminile. Per questo ha dovuto impiegare forza e determinazione, oltre a una bella faccia tosta, per raggiungere le sue vette.

Giuliana ha sempre desiderato conoscere il mondo, oltrepassare i confini che sentiva troppo stretti e ci è riuscita attraverso la sua professione. Fare l'hostess non è mai stato un vezzo per lei, un capriccetto romantico, piuttosto il trampolino da cui spiccare il volo per scansare un destino già segnato. Ha voluto riscrivere la sceneggiatura delle donne che l'hanno preceduta e, in qualche modo, ci è riuscita.

Non credo si sia mai piegata a una volontà che non fosse la sua. Una donna così può spaventare gli uomini. Mio padre ne rimase folgorato. Se oggi ripenso a lei come all'eroina di un romanzo del Novecento, anch'io la vedo una creatura irresistibile, ma io sono stata sua figlia e non è stato per nulla facile. Anch'io sono finita nella sua spirale magnetica. E quante ruote panoramiche di solitudine, strapiombi di malinconie!

Una madre così non l'avrei mai scelta. Lei stessa sapeva di non essere nata per quel ruolo, ma ci volle provare. A un certo punto della vita lo avvertì come un bisogno viscerale e un diritto: lasciare sulla terra un segno tangibile del suo passaggio. Che i suoi strepitosi cromosomi non andassero dispersi nel vuoto cosmico.

«Donne e uomini dovrebbero riflettere prima di voler diventare genitori a tutti i costi.» Me lo sono ripetuto talmente tante volte le notti in cui faticavo a prendere sonno. Se non lo sai fare, non farlo. Fai altro. L'hostess di lungo raggio, per esempio. La pop star. L'aquila reale. L'eterno Peter Pan. Non è obbligatorio diventare madre. O padre. L'universo va avanti lo stesso. Dei figli se ne occupi qualcuno capace più di te.

Non riesco a intuire che donna sarebbe oggi Giuliana se non fosse morta prematuramente. E nemmeno a immaginare cosa penserebbe delle scelte che ho operato nella vita.

Le piacerebbe la donna che sono diventata? Il posto che mi sono scelta nel mondo? Una mamma di cinque figli sempre indaffarata nel seguirli in ogni passo e che li antepone a tutto.

E mio padre? Lui che mi avrebbe voluta cantante e cittadina del mondo, scintillante, sempre sorridente come le donne di cui amava circondarsi e che sostituiva come le sue giacche.

Quando i miei genitori tornavano dal loro peregrinare li osservavo tenendomi in disparte: una piccola detective munita di radar speciali che via via perfezionavo. Scrutavo ogni loro gesto: il modo di rispondere al telefono, di ravvivare i capelli con le mani, di infilare le cose in valigia, di ripetermi le stesse raccomandazioni. Ero un'archeologa alle prese con un mondo misterioso di cui dovevo trovare la combinazione giusta per accedervi. Capendo loro avrei capito meglio me stessa? Capendo me stessa sarebbe stato più facile farmi amare da loro?

Oggi so di aver fatto il possibile per crescere, imparare a vivere e dipingere *la grande tela*. Ho usato tutti gli strumenti che ho trovato in giro per casa: qualche pennello dalle setole dure, una manciata di tubetti dimenticati qua e là, il tappo che non voleva girare e che io forzavo coi denti. Ogni tanto m'imbattevo in una tavolozza di colori accesi, gli entusiasmi dei miei genitori: rosso, fucsia, giallo oro, blu elettrico. Li mischiavo a istinto per accendere il buio che mi inondava dentro.

Oggi so che il mio è stato un apprendistato solitario e maldestro, senza maestri. Ho improvvisato parecchio, mi sono sporcata, ferita, ho impastato ritornelli di canzoni, racconti di viaggio, brevi attimi di serenità, tutto quello che mi passava per le mani pur di non sentirmi invisibile. A volte parteggiavo per la musica di papà e mi sembrava di farne parte, un po' come se le sue canzoni le cantasse solo per me. Poi le odiavo perché mi sottraevano a lui. Venivano sempre prima di me.

Non so le volte che ho fantasticato di viaggi a fianco della mamma che, sorridente, mi mostrava il mondo dal finestrino. Ma quando riaprivo gli occhi lei non c'era. Allora i mostri mordevano al petto e spazzavano via il mio fragile arcobaleno.

Sono stata un'altalena di emozioni discordanti, folate di vento fluorescente. Sono stata giallo acido, verde rabbia, un grido viola che lacera la gola. Sono stata per mille notti il grigio ardesia dell'abbandono. Avrei voluto che qualcuno mi avesse dato una piccola spinta da dietro, che mi avesse lasciato il tempo di familiarizzare con le prime vertigini, che mi avesse spronato a non avere paura, a potermi fidare di me stessa. É così che si impara a volare. *Forza, Cris, datti una bella spinta con le gambe. Ci sono io accanto a te!*

E invece sapevo che se fossi caduta dalla mia altalena nessuno mi avrebbe raccolta e curata. Avrei dovuto raccogliermi e curarmi da sola e sentire una volta di più il peso della solitudine.

Sono autodidatta in tutto.

Una figlia autodidatta di un'aquila reale e di un padre Peter Pan. E sono autodidatta nei risvegli in case straniere, nel canto, nell'intrattenimento, come madre di cinque figli. Il primo mi ha addestrato al secondo, il secondo al terzo e così via. Anche nella ricerca della mia felicità sono un'autodidatta. Di più, lì sono a tutti gli effetti una sopravvissuta.

Valigie

Mia madre era una donna bellissima e speciale, insolita. Un unico stampino. Lo dico senza sentimentalismi. Sono in grado di prendere le distanze e di mantenerle quando parlo dei miei genitori. Lei possedeva tutte queste qualità e credo che proprio per questo mio padre, già nel pieno del suo successo, bello e corteggiatissimo dalle donne, si sia follemente innamorato di quella ragazza dai capelli rossi e dalla lingua pungente.

Due personalità dirompenti, inquiete, opposte in tutto e per tutto. Solo l'amore per il viaggio e la libertà li accomunava e il desidero di confermare ogni giorno la propria autonomia. Gemelli la mamma, Acquario il papà. Due segni d'aria: estrosi e sanguigni. Lei anticonformista in tutto, papà solo sul palco.

Non so come abbiano fatto a restare insieme per dodici anni. Certo, la loro relazione è stata un eterno pinco-panco: quando uno saliva, l'altro scendeva. Ogni tanto riuscivano a incontrarsi e allora si lasciavano travolgere da una passione di cui, probabilmente, erano entrambi vittime e carnefici senza saperlo. Non so quanti uragani la loro storia abbia attraversato, quanti vuoti d'aria e assestamenti, litigate furiose e appassionate riappacificazioni a ogni latitudine del mondo. Ma, quei due, si sono amati veramente, di un amore libero e sfrontato, senza regole. Un amore al di sopra delle parti, esattamente come erano i miei genitori nella vita.

Mamma Giuliana è sempre stata una donna libera, fino al

giorno della sua morte prematura. Può aver tradito qualche proposito materno (per quel che mi riguarda ne ha traditi più di 'qualche'), ripromettendosi di starmi più vicina. Ha certamente tradito mio padre con i suoi amori-lampo, le sue ripicche di donna emancipata. Ma non ha mai tradito se stessa e i suoi ideali.

Nata nel 1939, ha precorso i tempi e schivato, in una discesa libera disseminata di ostacoli, tutti gli archetipi femminili della tradizione. Non ricordo di averla mai vista con una gonna, se non quella della divisa da hostess che sfoggiava con lo stesso orgoglio con cui un alto graduato indossa le sue decorazioni. Per il resto vestiva pantaloni, jeans, giacche, top e camicie che cuciva da sola per non compiacere le mode e finire col somigliare alle altre donne.

Non ha mai sognato una famiglia tradizionale: l'abito bianco, le vacanze da trascorrere insieme, la sera della Vigilia attorno all'albero. Non è mai stata accondiscendente con le usanze, i rituali da onorare nelle grandi occasioni, le aspettative dei padri. Non lo è stata nemmeno con il mio papà.

Lei decideva tutto da sola, anche quando era in coppia. Sceglieva per sé e per gli altri. E se gli altri non la seguivano tanto meglio. Si bastava.

«Hai una testa per pensare, usala» mi diceva quando mi vedeva titubante, «non cercare di pensare i pensieri degli altri e soprattutto non compiacerli.» I suoi, di pensieri, venivano sempre prima ed erano nettamente migliori di quelli degli altri, ma cominciai a farglielo notare piuttosto avanti negli anni.

«Una donna libera è una donna forte che può arrivare dove vuole.» Il sottinteso era: come ho fatto io e come dovrai fare tu.

A differenza di molte donne della sua generazione sposate a uomini di spettacolo o di potere, lei non si è mai adagiata nel ruolo di First Lady. Mai. Neanche dopo essere diventata la moglie di Little Tony, un matrimonio lampo che aveva le sue ragioni. In verità, un'unica ragione che porta il mio nome. Mamma detestava che la considerassero la *moglie di...* «Io sono e resto Giuliana Brugnoli!»

Né si è mai crogiolata nei privilegi di cui avrebbe potuto godere perché compagna dell'Elvis italiano, il ragazzo col ciuffo di cui tutti conoscevano a memoria *Riderà* e *Cuore matto*. Tony, che in tanti veneravano e che i proprietari dei locali si contendevano.

Cultura e indipendenza economica sono sempre stati i pilastri esistenziali di mamma, quelli attorno ai quali avrebbe voluto che anche io ergessi la mia vita. Non è facile incontrare donne così, che bastano a loro stesse e non inseguono altri modelli. E pensare che io, invece, ho sempre avuto bisogno di figure di riferimento e di conferme esterne, di ascoltare quanto fossi brava e importante. Forse perché nessuno lo diceva mai e io mi ero convinta di non esserlo.

Sono cresciuta in alto mare a bordo di barchette sprovviste di una guida salda. Troppe scialuppe, troppi capitani sfuggenti, troppe voci a cui dare ascolto. Qualcuno saliva col suo bagaglio a mano e si metteva al comando: «Ora si fa così, Cris! Questo no, questo si!» C'era sempre una nuova partenza in previsione, altri avvincenti orizzonti a cui aspirare. Io non ero mai il tramonto infuocato, la nuova alba o la meta da raggiungere, semmai un ostacolo da aggirare, la salita che sfianca, un noioso fuori programma.

Quante volte ho immaginato un luogo caldo e accogliente dove vivere senza valigie sopra o sotto il letto. E invece, mamma e papà erano sempre in viaggio. Ricordo più la loro assenza che la loro presenza, il vuoto che si lasciavano alle spalle e con cui io ogni volta dovevo fare i conti.

Che brutto sapore ha l'assenza!

Acido sul palato e dentro lo stomaco, scava come una talpa e ti corrode dall'interno. É una condizione che costruisce il carattere ben più di una lunga convivenza, un vuoto incurabile che non potrà mai essere riempito del tutto. Ora lo so.

Loro partivano, mai insieme (sarebbe stato più facile da accettare), ognuno con la sua destinazione, la sua vita parallela da cui farsi travolgere. Io, di contro, avevo i miei stacchi, le sospensioni dolorose, i fuori scena incasinatissimi di cui loro non sapevano niente. Preferivano non sapere niente. Chi non vede non sa.

Arrivavano in hotel, telefonavano («come sta la mia piccola Cris?»), rispondevo *tutto bene* quando avrei voluto gridare a squarciagola la mia costernazione. Sparivano per un po', poi facevano ritorno ognuno nella propria casa con la frenesia di ripartire. Ricordo tante di quelle valigie nella mia vita e nelle case dove ho abitato.

Valigie aperte. Valigie chiuse. Quelle della mamma: una per le destinazioni calde, una per quelle fredde. Stracolme di vestiti, imbottite come bignè, su cui lei si metteva a sedere per poterle richiudere, come un paio di jeans troppo stretti. E una valigia più piccola, quasi completamente vuota, che si portava appresso a ogni partenza e che ritornava carica di regalini per me: frutta tropicale quando andava ai Caraibi, cereali colorati per la prima colazione quando tornava dagli Stati Uniti, costumini e cappelli, gadget da viaggio, bamboline da collezione col costume tipico.

Valigie. Valigie. Valigie da rifare o da riaprire all'ultimo momento, prima di chiudersi la porta alle spalle, perché c'era sempre qualcosa d'irrinunciabile da doverci infilare dentro. Qualcosa che non ero mai io. Quante volte avrei voluto nascondermi in una di quelle valigione tra i panni puliti e gli oggetti indispensabili per inseguire almeno uno dei miei genitori all'altro capo del mondo e tac, sbucare fuori una volta in albergo. A quel punto non avrebbero potuto rispedirmi a casa.

Le valigie da fare e disfare erano per loro esperienze irrinunciabili con cui arricchire le loro vite. A me sottraevano ogni volta pezzettini di Cristiana e di respiro. Restavo in apnea fino al loro ritorno, poi ci si fa l'abitudine e si impara un nuovo modo di respirare. Si boccheggia per lo più.

Sono stata una bambina e un'adolescente in perenne attesa e dentro a quel tempo sospeso ho costruito i miei sogni, le mie piccole fantasie: sorelle immaginarie, angeli custodi, fratelli maggiori sempre pronti a corrermi in aiuto. Ho aspettato che la mamma tornasse dalle lunghe tratte a bordo degli aerei dell'*Alitalia* per cui lavorava come assistente di volo. Ho atteso con un'ansia che strangola la gola che lei non ripartisse subito, che i soliti tre o quattro giorni al mese di permanenza, per una qualche ragione, diventassero una settimana. *Sette giorni di noi*. Del suo profumo che avrei riconosciuto tra mille, dei suoi occhi belli che ogni tanto mi accoglievano e mi cullavano e altre volte mi azzittivano. Sette giorni delle sue parrucche che provava davanti allo specchio mentre io dicevo «Quella ti sta meglio!» Della ginnastica sul tappetino blu, delle creme idratanti con cui si cospargeva la pelle del viso e del corpo, delle canzoni di Giuni Russo che lei adorava e che cantavamo insieme «Un'estate al mare, voglia di remare...» e quelle della Mannoia, di Mina, della Bertè.

Una settimana intera delle sue manie igieniche: tutto da sterilizzare! Delle sue raccomandazioni di mamma: l'alimentazione sana, la spremuta d'arancia, i compiti che spesso mi aiutava a finire sul tavolo della cucina e della sua vecchia macchina per cucire a cui non avrebbe mai rinunciato. Le mani che seguono il filo e le cuciture dell'orlo mentre il piede pigia sul pedale in un ritmo incalzante. Ancora la vedo, seduta sulla moquette del soggiorno circondata dai suoi strumenti di lavoro: scatoline di aghi e fili colorati, bottoni e cerniere. E poi matite, squadre di legno e i suoi modelli schizzati su di un foglio di carta. Sette giorni di pasta, uno dei pochi cibi che mangiavo volentieri, perché fin da piccolissima il mio motto era «Ciccina no, verdurina no, solo gatoni.» Allora lei, per bilanciare la dieta, arricchiva la pasta con la *Philadelphia* e dei pezzettini di carne magra. Quel pastrocchio era il cibo più buono del mondo.

Mangiavamo sedute sul pavimento, davanti alla tv, circondate da cuscini etnici e pelli di pecora acquistati in Perù.

Quando io andavo a dormire lei amava rilassarsi sulla sua poltrona. In una mano uno dei suoi amati thriller, nell'altra due dita di un buon rhum. Le bastava una dose omeopatica di quel liquore per rilassarsi e conciliare il sonno. Quando mi raggiungeva a letto mi sembrava che, da quel momento, noi due prendessimo il volo fino a sfiorare le nuvole. La respiravo facendone il pieno.

Cosa avrei dato perché quei *maledetti tre giorni* diventassero sette. Un'intera settimana di noi nella sua mansarda bizzarra che sembrava un quadro espressionista: le pareti dipinte di verde e la moquette viola a pelo alto, la cucina tutta gialla, la toilette tutta rosa, la grande vasca in muratura interrata e la mia strana camera dei giochi ricavata da un terrazzino, un budello stretto che avevo stipato di Barbie, mangiacassette, bambolotti, piccoli tegamini e una casetta in legno dove mi rifugiavo per giocare alla mia vita immaginaria. Ma no! Non era mai così. Semmai un cambiamento di programma ci fosse stato, era sempre per difetto e mai per eccesso. Avevo imparato a contarli in punta di dita, fin dalla più tenera età, i giorni che mi separavo da lei. Trattenevo il fiato per timore che potesse scapparne qualcuno.

E ovviamente ho aspettato mio padre. Che tornasse a casa dalle sue interminabili tournée per l'Europa e l'America Latina, negli Stati uniti e in Canada, la valigia stracarica di regali per la sua piccola Cris. Lui era il mio *Babbo Natale Tutto l'Anno*. Peccato che dopo qualche momento giocoso, esaurito l'entusiasmo iniziale, non riuscisse a fare il padre. A farmi sentire veramente sua figlia. C'era sempre qualcosa di più urgente di cui doversi occupare: una telefonata a un discografico, al suo avvocato, le prove per il nuovo disco, un'intervista da rilasciare. Oppure qualche appuntamento che immaginavo di carattere tutt'altro che professionale per la cura minuziosa che riservava alla preparazione.

Ho sempre visto i miei genitori come due uccelli migratori alla ricerca della corrente più calda, del luogo migliore dove svernare. Mia madre, con la divisa impeccabile da hostess e le lunghe percorrenze, le telefonate da Hong Kong e da New York, i jet-lag da smaltire e gli amici più fidati a cui non avrebbe mai rinunciato: i libri gialli. Loro sì che li portava sempre dietro. Mio padre, con le sue giacche improbabili piene di frange e di paillettes, le lozioni per i capelli, il suo pubblico che non voleva deludere, le foto per i fan da autografare che teneva in una valigetta da cui non si separava mai insieme alla mia foto, quella della mamma, di nonna Candida e al santino di Padre Pio.

Io, probabilmente, ero solo un impiccio. Un *pacchettino di sensi di colpa* da maneggiare con cautela e che rimetteva ogni volta in discussione la loro idea di libertà. E pensare che, invece, loro erano il mio sogno proibito, il più bello a cui potessi aspirare.

Sono cresciuta con la convinzione di essere un problema e un enigma incomprensibile pur sentendo che il loro affetto, quando c'era, era sincero.

«Non farti mai trovare impreparata dalla vita, studia, sii curiosa» mi diceva la mamma quando, di ritorno da una lezione di danza, tutta infervorata provavo e riprovavo le coreografie in giro per casa. A lei l'idea che entrassi nel mondo dello spettacolo, che danzassi in tutù o sgambettassi in una trasmissione televisiva non piaceva affatto. Avrebbe voluto che studiassi, mi laureassi, imparassi le lingue e mi affermassi per la mia intelligenza. Mamma mi incoraggiava nello studio, mentre papà mi ripeteva che «la vita si impara per la strada, vivendola e non leggendola!»

Lui aveva ottenuto il successo così, inseguendo la sua passione per la musica, suonando nei ristoranti ai Castelli Romani, all'inizio senza prendere nemmeno una lira, improvvisando mosse che gli venivano naturali ma che poi, anche negli anni d'oro, aveva continuato a provare e riprovare davanti allo specchio. Insomma, lui che la vita va presa per la coda non l'aveva certamente imparato dai libri!

Non ho mai saputo chi o cosa avrei potuto diventare, i miei sogni per il futuro erano troppo flebili, sempre sul punto di spegnersi. Non sono mai riuscita a vedermi troppo in là: una donna intraprendente simile a mia madre e all'idea che lei si era prefigurata di me. O la ragazza solare, allegra e spensierata che mio padre avrebbe voluto che io fossi. Una cittadina del mondo con la valigia sempre pronta.

Corteggiamento

I miei si conobbero nei primi anni Sessanta sulle spiagge di Ostia, alla *Vecchia Pineta*. Mio padre era con un gruppo di amici, uno di loro notò quella ragazza in bikini dai capelli rossi e il corpo sinuoso e disse a papà: «Due stabilimenti avanti c'è una rossa da paura.»

Lui che ha sempre avuto un debole per le belle donne andò in avanscoperta. Colpo di fulmine immediato per mio padre. Da quel momento cominciò un serratissimo corteggiamento. La rossa aveva qualcosa di speciale. Bella era bella, ma non era solo quello. Alta un metro e settanta, ben fatta, lunghi capelli fulvi, occhi di un colore insolito, tra il nocciola e il verde, un faccino spolverato di simpatiche lentiggini le conferivano un'aria ribelle e scanzonata. Era tosta, sicura di sé, non certamente una preda facile. Abituata ai corteggiatori, sapeva come tenerli a bada. Lei, sulle prime, non riconobbe l'artista. Non amava i giornali di costume, non seguiva il *Festival di San Remo* o il *Cantagiro*, era sempre in volo, sempre a progettare qualche viaggio di piacere una volta ritornata da quelli di lavoro.

Vide semplicemente un bel ragazzo moro dallo sguardo vispo e il ciuffo alla Elvis Presley, un fisico tonico ridisegnato dal nuoto, un carisma che ostentava quasi fosse una garanzia.

Fatto sta che papà riuscì a farsi dare il numero di telefono dalla rossa e per circa sei mesi la chiamò a casa quasi tutte le sere. Rispondeva sempre la madre, nonna Giacomina, la quale, obbligata dalla figlia, era tenuta a dargli più o meno sempre la stessa risposta: «Mi spiace, Giuliana è occupata.»

Il ragazzo col ciuffo era così gentile quanto caparbio e chiedeva a nonna di aiutarlo nel suo intento. Giacomina subiva il fascino di papà molto più della figlia. Lei sì che lo seguiva in quelle trasmissioni alla tivù e pure sui giornali che leggeva sotto il casco della parrucchiera: *Oggi, Grand Hotel, Gioia, Novella*. Davvero non riusciva a capacitarsi di come sua figlia potesse rinunciare a un ragazzo del genere. Che almeno lo provasse!

Papà non era tipo da *due di picche*, non era venuto al mondo per perdere le sue partite. E poi, per quale ragione quella ragazza faceva tanto la preziosa? Sai quante ne poteva avere, lui, di belle ragazze. Ma Giuliana era diversa, lo aveva stregato, doveva almeno capire perché. Cosa si nascondeva dietro quello sguardo magnetico e superbo? Non faceva che pensare a lei: era diventata la sua ossessione.

Avrebbe insistito ancora un po'. Nel frattempo non si faceva certamente mancare le sue storielle. Perché sprecare tanto ben di Dio in attesa che quella ragazza testarda si decidesse a uscire con lui? In fondo non le chiedeva che una cena.

La cosa andò avanti per sei mesi. Papà teneva concerti, rilasciava interviste, partecipava alle trasmissioni in tivù, finiva su riviste di costume con una nuova presunta fidanzata, andava alla ricerca delle sue giacche stravaganti, ma non demordeva. Poteva lasciar passare qualche giorno, anche una settimana e poi tac, ritornava all'attacco con nonna Giacomina, tanto sapeva che avrebbe risposto lei.

«Buongiorno signora, allora?»

«Eh, caro figlietto, Giuliana non c'è.»

«Può dire a sua figlia che domani sera sono al Festival di San Remo? Mi faccia sapere poi che dice.»

«E io glielo dico, figlietto mio, lei riprovi a chiamare tra qualche giorno.»

Mamma Giacomina era dispiaciuta, ma conosceva bene quella capatosta della figlia: se aveva deciso così, nessuno le avrebbe fatto cambiare idea!

«Dice che sarà a San Remo domani sera. Lo guardiamo in televisione?»

«A me non interessa, guardalo tu. Poi mi racconti.»

Giuliana era diventata un chiodo fisso per lui che non era abituato a quel genere d'indifferenza da parte delle ragazze. Di solito gli cadevano ai piedi. Era già molto famoso, indubbiamente bello, cominciava a guadagnare bene, amava fare la bella vita e non lo nascondeva. Dopo sei mesi entrò in gioco l'orgoglio del re leone che non accetta il rifiuto e smise di chiamarla.

Una sera "Giuliana la rossa" piombò nella sua vita con una telefonata inaspettata «Allora, non mi avevi invitato a cena?»

«Ce ne hai messo di tempo per deciderti.»

«Se è scaduto…»

«Certo che non è scaduto, facciamo domani sera?»

É così che hanno cominciato a vedersi e ad amarsi i miei genitori. Sono stati coraggiosi a tentare la sorte. Due trottole impazzite. Due uccelli migratori come loro… quale sarebbe stato il punto d'incontro? *Dove?*

Mamma, hostess di lungo raggio per *Alitalia*, era più spesso in viaggio che a casa e per nulla al mondo avrebbe rinunciato a un lavoro che amava così tanto e la faceva sentire libera. Senza catene. Per parecchi anni si sono amati in ogni angolo del mondo, si sono rincorsi come fidanzatini, spremuto il tempo fino all'ultima goccia, sfidato i jet-lag e fissati appuntamenti a Parigi, a New York, a Londra, a Mosca, in Canada. Quando era possibile mamma si faceva assegnare la tratta in base alle tournée di papà, così da potersi incontrare negli hotel di lusso o in qualche villa che lui affittava per le permanenze più lunghe. Consumavano la loro passione per poi ripartire ognuno verso la propria destinazione.

Non pensavano al dopo, alla costruzione di una relazione tradizionale e un po' scontata.

Perché avrebbero dovuto, dal momento che su quell'altalena emotiva stavano alla grande? In quell'amore senza nido, senza orari, senza liturgie da onorare.

Papà era affascinato da quella forza della natura, ruvida ed euforica, tanto maschile quanto femminile, che era mia madre. Una giovane donna capace di vivere senza scuse e senza maschere e se ogni tanto le indossava (le sue amate parrucche) era solo per prendere la vita in maniera più scanzonata.

Mia madre è sempre stata contro corrente, amava rimettere tutto in discussione, ogni assodata certezza, ogni luogo comune. E amava contraddire papà. Davvero in pochissime occasioni credo lo abbia fatto sentire il *numero uno.* Ne conosceva ogni debolezza, ogni ossessione. Dietro le quinte mio padre era un uomo molto emotivo, ansioso, cercava conferma del proprio valore negli altri. La mamma ha sempre apprezzato di papà i risvolti umani più che quelli artistici e non subiva il fascino del cantante.

Oltretutto assegnava ai soldi un unico valore: quello della libertà. Con i quattrini poteva viaggiare, godersi vacanze avventurose, conoscere il mondo, affermare la propria autonomia. Per il resto non le interessavano gli status symbol: le belle macchine, la collezione che papà stava cominciando a mettere su, né i gioielli o gli abiti dei grandi stilisti.

Nessuno come lei sapeva ridimensionare gli entusiasmi fanciulleschi di papà e certi aspetti puerili del suo carattere. Quando la faceva salire su una delle sue strepitose auto da collezione e la spingeva a tutta velocità, la mamma con una discreta faccia tosta spolverata di lentiggini gli diceva: «E beh, tutto qua?»

Le altre donne lo avrebbero fatto sentire il Niki Lauda del rock'n roll. Lei no! Non voleva, non sapeva farlo e probabilmente si divertita un mondo a riportarlo coi piedi per terra.

Aveva uno stile tutto suo, mia madre. Si confezionava gli abiti da sola o li acquistava nei mercatini in giro per il mondo. Sapeva accostare indumenti e stili molto diversi con un piglio deciso che se ne frega delle regole e del bon-ton. E pur non essendo una grande fumatrice si divertiva ad atteggiarsi con la sigaretta tra le dita, tanto era certa che mai quell'ingenuo vizietto gli sarebbe scappato di mano.

Non ambiva a essere corteggiata dai maschi, ma si divertiva a provocarli, a sedurli e poi, sul più bello, li scaricava. Mio padre l'amava così com'era, *nonostante tutto*, ma avrebbe voluto almeno un po' domarla come si fa con i purosangue e con le note musicali più acute. Sarebbe stato più semplice gestire una donna accomodante, di quelle che piacevano a nonna Candida, che perdonano sviste e avventure perché *gli uomini, si sa, sono fatti alla loro maniera.*

Lei, no, non amava fare la spesa, cucinare o altro. Quando tornava a casa si occupava delle faccende domestiche solo perché nessuna governante era mai all'altezza delle sue aspettative. «Quelle girano attorno ai mobili senza spostarli e cucinano con tonnellate di burro, friggono anche l'acqua!»

Era una furia pure nel rimettere ordine, rigirava sotto sopra la mansarda, alzava tappeti, trascinava mobili, smantellava intere librerie per poi passare uno straccio su ogni libro.

C'era un altro aspetto che, credo, abbia sempre disorientato mio padre, un uomo di provincia nato in tempo di guerra: il fatto che mia madre non fosse minimamente attratta dal potere. Quello della libertà era l'unico, mi diceva quando era in vena di confidenze, che non avrebbe mai barattato per niente, nemmeno per un grandissimo amore.

Papà aveva provato a sfoderare ogni arma: regali preziosi, un certo stile di vita, vacanze ai Caraibi, un casale antico dotato di ogni comfort, con lei era stato tutto inutile. Durante i dodici anni della loro relazione prematrimoniale, mia madre ha sempre abitato nella sua mansarda, un luogo *off limits* per tutti. Anche per lui. Il suo nido stravagante, un open space arredato dalla sua follia creativa che amava ridisegnare il mondo in cui vivere.

I miei genitori, a loro modo, erano vanesi e si divertivano a curare il proprio aspetto esteriore. Papà chiedeva spesso un parere allo specchio. Ne aveva uno immenso nella sua stanza da letto e quando si vedeva con "la faccia giusta" chiamava Pino Polesi, il suo amico fotografo, l'unico di cui si fidasse veramente, per fare quel famoso servizio troppe volte rimandato. Mia madre era una salutista: cibo sano, ginnastica, oli da massaggio. Aveva una particolare predilezione per le parrucche, così come papà per le sue giacche bizzarre, tutta una frangia, un inserto di paillettes. Pezzi unici che si faceva confezionare da un sarto di fiducia o che trovava nei mercati americani durante le trasferte. Una delle mete di rito era Beale Street a Memphis, città natale del suo unico grande mito. Conosceva a uno a uno i proprietari dei negozi più caratteristici che custodivano i loro pezzi forti in zone inaccessibili e, sorpresa, li tiravano fuori solo per chi ne era all'altezza. Con lui, l'Elvis italiano dal ciuffo ribelle, sapevano che quei pezzi di storia del rock'n roll sarebbero finiti in ottime mani.

Le parrucche, invece, consentivano a mia madre di poter interpretare più ruoli, di scongiurare il rischio di annoiarsi, di incontrare davanti allo specchio sempre la stessa persona. Un giorno era una ragazza bionda dai capelli lunghi e cotonati alla Brigitte Bardot e quello dopo una moretta col caschetto sensuale o una Twiggy dal taglio sbarazzino. Si divertiva anche a depistare i paparazzi che la pedinavano, non solo in presenza di papà, ma anche quando usciva da sola. Rideva quando su una rivista di attualità rifilavano al suo Tony una nuova fidanzata, invece era lei con una strepitosa parrucca newyorchese. Rideva un po' meno quando scopriva che dietro il presunto flirt si nascondeva una delle solite gallinelle senza arte né parte che aveva ceduto al fascino dell'Elvis italiano. Volavano piatti e insulti.

Mia madre aveva un concetto spensierato dell'esistenza tutt'altro che superficiale: la viveva come un gioco, con i suoi azzardi, le sfide e le cadute che facevano inesorabilmente parte delle regole. Regole che lei amava ribaltare e fare proprie. Il mondo sfavillante dello spettacolo non le interessava affatto, né lo subiva. Lo trovava fasullo, artificiale e spesso aveva da ridire sulle persone di quell'*ambiente* che papà saltuariamente frequentava: produttori, discografici, cantanti, coriste, manager.

Per non parlare di quelle che avrebbero svenduto la propria madre pur di avere un piccolo ruolo in un musicarello o anche solo una foto con Little Tony all'uscita di un ristorante.

La mamma non aveva tutti i torti, ma tra la folta schiera di adulatori c'erano i pochissimi veri amici che non hanno mai tradito la buona fede di papà e che gli sono rimasti accanto sino alla fine.

Un matrimonio lampo

«É il dolore più grande che tu mi possa dare» disse nonna Candida a papà quando le annunciò di volersi sposare con mamma.

Non che avesse nulla contro quella donna: Giuliana era sincera, aveva un bel caratterino, il che non guastava affatto per suo figlio, ed era totalmente in buona fede, disinteressata al personaggio Little Tony. Su questo non aveva il benché minimo dubbio.

«Ma, figlio mio, come potrà essere una brava moglie, come potete pensare di metter su famiglia? É sempre in viaggio e non ti sa perdonare.»

La nonna apparteneva alla vecchia guardia, donne asservite al ruolo famigliare, dedite al marito e ai figli in tutto e per tutto. Mentre quella Giuliana era uno spirito ribelle. Troppo moderna. Troppo focosa. Li aveva spesso sentiti discutere, si erano presi e lasciati, traditi e riamati, era una donna troppo caparbia, una di quelle che non mollano facilmente l'osso, figuriamoci suo figlio!

Tutto inutile. Anche se papà venerava la madre decise di sposare la sua hostess dai capelli rossi. L'ennesimo colpo al cuore per nonna Candida fu quando seppe che la cerimonia non si sarebbe celebrata in chiesa ma in Comune a San Marino, terra di origine della sua famiglia da sette generazioni. La sposa non aveva la cittadinanza sammarinese, per cui nessuna funzione religiosa. Era il 28 ottobre del 1972.

Stesso giorno e stesso mese in cui si erano sposati sia i genitori di papà che quelli di mamma. C'era un perché. Il 28 ottobre 1922 Mussolini con le sue camicie nere marciò fino a Roma e rivendicò il potere. Per commemorare quell'evento, dal 1933 alle giovani coppie che si sposavano il 28 ottobre venivano concesse agevolazioni economiche.

Povera nonna Candida. Nessuna chiesa, nessun giuramento davanti al Signore e nessun abito bianco. Anche in quella circostanza mia madre, che non perdeva occasione per andare contro corrente, indossò una sua creazione: tailleur grigio, camicia in tinta abbottonata sul davanti, pantaloni a vita alta e scampanati in perfetto stile anni Settanta. Sulle spalle un pellicciotto della stessa gradazione. Nessuna coroncina di fiori, ma una cascata cotonata di capelli rossi e un maquillage piuttosto vistoso, più da *Figlia dei Fiori* che da giovane sposina.

Ogni dettaglio venne definito da zio Alberto. Agli invitati fu concesso di arrivare con le auto fino alla piazza del Palazzetto del Governo, dove si sarebbe celebrato il matrimonio, per evitare alle signore con le loro mise eleganti e i tacchi alti di scarpinare per quelle ripide stradine. A ogni angolo si leggeva «Tony e Giuliana sposi.» I cittadini affacciati alle finestre seguirono il corteo nuziale desiderosi di vedere il loro beniamino e la sposa fortunata. Il rinfresco si tenne al Grand Hotel con amici stretti e familiari. Nessun vip, qualche discografico e un gruppetto di giornalisti romani, tutti amici di papà che non si fecero scappare quella ghiotta occasione accalcati con le loro macchine fotografiche all'uscita del Municipio e fuori dal Grand Hotel. In quegli anni Little Tony finiva spesso sui rotocalchi: *il ragazzo col ciuffo e un nuovo flirt... ma ora l'Elvis italiano, il nostrano sciupafemmine, sembra aver messo la testa a posto con la sua hostess dai capelli rossi.* Qualche benpensante storceva il naso per via di quella donna troppo libertina che, si diceva, ripagasse il compagno, un cantante famoso (un uomo soprattutto) con la stessa moneta. Roba da non credere!

Dopo il matrimonio la loro vita riprese la solita routine, nessun radicale cambiamento. Mia madre risalì sugli aerei di lunga tratta e papà sul palcoscenico e in sala d'incisione. Continuarono a tradirsi, a litigare, a far pace.

Nessuno dei due era disposto a rinunciare al proprio lavoro e alla propria idea di libertà. Nei pochi giorni in cui scendeva a terra, mia madre si concedeva una vita piuttosto ritirata. Poteva dedicarsi alla lettura, alla sua ginnastica. Amava fare lunghe passeggiate in solitaria, ma anche in macchina con papà fino al mare. Entrambi hanno adorato il mare, anche se in modo differente. Mamma è sempre stata una lucertola, poteva restare un intero pomeriggio sdraiata al sole senza sentire la necessità di un bagno. Papà impazziva per i motoscafi e le barche ma, pur di restarle accanto in quelle poche occasioni, la assecondava in tutto.

Capitava, anche se raramente, che lo accompagnasse alle cene importanti, ma per la mamma era sempre una gran fatica. Tra i tanti doni che la natura le aveva regalato non c'era quello della diplomazia e dell'accondiscendenza. Diceva sempre e comunque quello che le passava per la testa e non sapeva fingere. Motivo per cui, a quelle cene e agli amici (presunti) di papà, preferiva di gran lunga i suoi pochi ma selezionatissimi amici con cui poteva essere se stessa fino in fondo.

Non credo che mia madre si fosse sposata perché credesse in quel sacramento, voleva un figlio e riteneva il matrimonio un passaggio obbligato. Un figlio maschio: la sua ambizione.

Io arrivai nel 1974 dopo un travaglio doloroso, tanto che mia madre si ripromise che quel figlio sarebbe stato il primo e l'ultimo. Fu un colpo duro quando l'ostetrica avvicinandosi al suo letto col frugoletto le disse «È una bella femminuccia.»

No, non poteva crederci. Mi prese in braccio come se fossi stata un bambolotto. Le feci una pernacchietta e lei ebbe una crisi isterica. Iniziò a ridere, a piangere. Non solo non ero il maschio che desiderava, ma le facevo pure le linguacce!

Si sentiva tradita dalla sorte, aveva sperato così tanto che le avesse riservato un bel maschietto.

Accorse in aiuto zio Alberto, il fratello maggiore di papà che, da quel momento, mi volle sempre un gran bene e spesso in sua assenza si sostituì a lui. Zio Alberto aveva cresciuto due figlie femmine praticamente da solo. Non era affatto spaventato da me mentre la mamma era convinta che confrontarsi con un maschio sarebbe stato molto più semplice. Aveva pochissime amiche, si contavano sulle dita di una mano e ne avanzavano pure. Non si fidava fino in fondo delle donne, preferiva i rapporti franchi che sapeva instaurare con i maschi. Poi, c'era quella categoria che davvero non riusciva a tollerare, ma che mio padre, a quanto pare, non disdegnava affatto: quella che avrebbe venduto l'anima al diavolo pur di finire su una copertina. Per questo, dopo la loro separazione, si era sempre rifiutata di concedergli il divorzio: si sarebbe fatto convincere da una di quelle a sposarsi. E sarebbe finito in mutande!

Mia madre non amava nemmeno il 'preconfezionato mondo femminile delle neonate' tutto un fiocco, un carillon, una gradazione di rosa. Non voleva crescermi come una femminuccia, ma come un individuo forte che presto avrebbe dovuto imparare a cavarsela da solo. Da quello che ricordo non si è mai rivolta a me come le altre mamme: evitava vocine, cantilene e nomignoli sdolcinati.

Non so se avrei desiderato una 'mamma più rosa', so solo che ne avrei voluta una. Certi giorni il vento emotivo sradicava anche le più piccole certezze e io mi sentivo figlia di nessuno. Per quanto mi sforzassi di non pronunciarlo in sua presenza, capitava che da sola nella mia cameretta sussurrassi «Io sono la figlia di Little Tony.» Era come se una radice venisse piantata in quel continuo andirivieni che era la mia giovane vita. Tutto uno spiffero. Un'incertezza. La lista delle mie priorità immancabilmente rivoltate a testa in giù.

Fatico a ricordare un momento condiviso da noi tre soltanto, un compleanno festeggiato insieme, un mio saggio di danza a cui abbiano presenziato seduti accanto agli altri genitori.

Vedevo le altre bambine, mie coetanee, compagne dell'asilo prima e della scuola poi, con le loro famiglie unite, i fratelli, le sorelline e una ritualità consolidata su cui poter fare affidamento, sempre un genitore all'uscita di scuola. Io venivo portata e ripresa dal portiere del condominio in cui viveva la mamma, che poi era il padre di un mio compagno di classe. Dalla scuola media in poi salivo su un pulmino che mi prelevava dal collegio per riportarmi dritto a casa dove spesso non trovavo nessuno. Di lì a poco sarebbe arrivata la tata. Nessun affetto, nessuna autorevolezza a cui obbedire o punto di riferimento di cui potermi fidare. Solo una figura sfocata che mi veniva imposta e di cui faticavo a comprendere il senso.

Le tate arrivavano dopo pranzo e se ne andavano, puntuali come soldatini, dopo cena. Avevo imparato a non affezionarmi a nessuna di loro, a considerarle barchette di carta nel mio mare tempestoso. A forza di tenere blindato il cuore qualcosa, poi, deve essere successo.

Le fidanzate di papà

Sono cresciuta in un perenne *viavai*. Quello dei miei genitori che partivano e tornavano da viaggi intercontinentali e tournée e quello delle fidanzate di papà che mi ritrovavo in giro per casa, nell'immenso salone pieno di divani, dischi, poster di Elvis e di Marilyn o a bordo piscina del grande casale sull'Appia Antica dove trascorrevo i fine settimana. Fino a quando, a tredici anni, ci sono andata a vivere.

Ne ho viste davvero di tutti i colori: more, castane, bionde, biondissime, fulve, ramate, alcune molto belle, altre un po' meno e non capivo cosa papà ci trovasse. Per quanto diverse, tutte si atteggiavano più o meno alla stessa maniera, come se un regista avesse insegnato loro la parte: in che modo muoversi, sorridere, presentarsi alla figlia di papà e tentare di farsela amica. Ma erano pessime attrici, davvero poco credibili e io avevo i miei radar speciali per smascherarle subito. Mi bastava uno sguardo, una parola, per capire chi fossero e soprattutto cosa volessero. Tanto la risposta era sempre la stessa.

Il problema è che mio padre non ha mai saputo restare solo, nemmeno per un giorno. Ha cercato di saturare ogni suo momento di pausa dal lavoro accerchiandosi di amici, lasciando la porta di casa sempre aperta semmai qualcuno passasse di lì per pranzo o per cena. Le sue tavolate conviviali erano diventate famose. E ovviamente non ha mai disdegnato la compagnia di qualche giovane donna. Quelle mature nemmeno le vedeva.

Di quelle *donnine da battezzare* ne ha sempre avute parecchie, prima di mia madre, mentre la corteggiava, durante i dodici anni della loro relazione e dopo il matrimonio che, fortunatamente, durò solo due anni.

Un giorno mia madre, in procinto di partire per una nuova trasferta, salutò papà e salì sul pulmino di servizio dell'*Alitalia* che l'avrebbe portata in aeroporto. Per qualche ragione la sua tratta venne sospesa e lei poco dopo ritornò al casale. Successe il finimondo. Non ci fu bisogno di grandi ammissioni da parte di papà che non tentò nemmeno di giustificarsi. Ormai mia madre aveva il fiuto di un segugio, un tradimento lo respirava nell'aria, che si fosse appena consumato o che fosse in programma.

Quando lei entrò nel salone e vide, accanto alla gigantografia di papà, uno spazio vuoto sulla parete montò su tutte le furie. La sua foto era stata rimossa dal muro e girata di spalle. Cominciò a gridare "La tua amichetta, lo so che se n'è appena andata. Ma non ti vergogni? Non vuoi che loro mi vedano o sei tu a sentirti un verme? Non ho fatto nemmeno in tempo a partire. Mi fai schifo!»

Afferrò la gigantografia e gliela spaccò in testa. Le loro liti erano sempre molto plateali. Papà sapeva mantenere un discreto controllo che mandava su tutte le furie la mamma. Avesse almeno tentato di giustificarsi, di chiederle scusa. Forse non sarebbe cambiato nulla, ma la faccia tosta di papà le risultava il peggiore degli affronti.

Dopo la storia della gigantografia mia madre scomparve per un'intera settimana, per quanto lui la cercasse al telefono lei rimase nascosta. Immagino che trovò il modo di fargliela pagare. Erano entrambi focosi e vendicativi. In quell'agendina in cui conservava il numero delle amiche, delle tate e delle persone che avrebbero potuto occuparsi di me in previsione di una sua partenza, c'erano anche i numeri di certi amici "speciali".

Mio padre non perse mai il vizio. Le donne lo facevano sentire vivo e desiderabile, quelle giovani gli fermavano il tempo addosso o, quantomeno, gli regalavano l'illusione dell'eterna giovinezza. Ha sempre avuto paura della vecchiaia e della noia, forse ancor più che della morte. Detestava i capelli bianchi. Non solo sulla sua testa. Li faceva tingere a tutti i collaboratori, ai musicisti, all'autista del pulmino che ci portava ai concerti e ai suoi fratelli. Solo zio Alberto fu irremovibile e si rifiutò sempre di decolorarsi la chioma. Sul palco, diceva papà, dovevano essere tutti "ragazzi."

Un eterno Peter Pan mio padre lo è sempre stato, ma nel suo ambiente non era certamente l'unico. Diversi uomini che gravitavano nel mondo effervescente dello spettacolo soffrivano della stessa sindrome. Tutti a sfoggiare l'amichetta di turno che, ovviamente, era lì per motivi quasi sempre estranei all'amore. Così come era evidente per me, fin da quando ero bambina, immagino lo fosse anche per gli altri.

No, non per papà. Per quanto io glielo facessi notare, lui rimaneva inflessibile. Erano solo mie fissazioni, diceva, non ero in grado di valutare la situazione al di sopra delle parti perché ero gelosa di loro.

Forse la donna precedente no, ma quest'ultima innamorata di lui lo era veramente, tentava di convincermi. Di lui e non solo del personaggio Little Tony. Di lui e non dei suoi soldi e delle sue mani bucate. E, se anche non fosse stata innamorata, lui aveva tutto il diritto di godersi la vita come voleva! Di solito liquidava così la questione e io mi chiudevo nella mia bolla di rabbia che, di lì a poco, sarebbe esplosa.

Forse aveva anche ragione, i soldi erano i suoi, se li era guadagnati attraverso una dura gavetta e un talento genuino che allenava ogni giorno, questo lo capivo, ma mi risultava inaccettabile che lui riservasse più tempo a quelle estranee che a sua figlia. I miei genitori erano separati, d'accordo, aveva tutto il diritto di rifarsi una vita, ma non poteva trovare una compagna diversa da quelle donne che sembravano fatte con lo stampino?

Avrei voluto che la mia rivale emotiva, se proprio avessi dovuto accontentarmi delle briciole, fosse perlomeno all'altezza delle mie aspettative. Anche io, a mio modo, lo volevo proteggere: sentivo che prima o poi si sarebbe fatto molto male. I figli sanno guardare ai propri genitori con occhi diversi e in fondo desiderano soltanto che si possa essere felici insieme. Io avevo imparato a spingermi oltre la figura patinata, il ciuffo da eterno ragazzo e le giacche da pop star. Mi ero imbattuta nelle sue piccole fragilità, nelle espressioni affrante del suo volto, nella frenesia prima di un concerto, nel timore di non essere all'altezza delle aspettative altrui.

Nessuna di quelle donne conosceva tanto bene mio padre, di lui vedevano solo la luce dorata e il successo, le auto sportive e i fan che lo acclamavano. Se lui fosse caduto ero certa che si sarebbero defilate. Nessuna di loro era lì per sostenerlo e incoraggiarlo, ma per farsi sostenere e vivere di luce riflessa.

Prendevano senza restituire nulla in cambio e, per quanto mio padre amasse riempirsi la bocca con le sue "grandiose esperienze di vita in giro per il mondo", per me restava un ragazzino inesperto, incapace di prendere le distanze da quelle donne. Non mi capacitavo di come accanto a loro diventasse tanto accondiscendente e mansueto, un adolescente alla prima cotta disposto a tutto pur di ricevere due moine.

Di una cosa sono certa, se mio padre non fosse stato un uomo tanto generoso, amante della bella vita e della compagnia, sempre disposto a condividere le sue fortune con gli altri, non ci sarebbero stati tanti amici e tante fidanzate seduti attorno a quel tavolo e a bordo piscina.

Ho perso il conto, non so quante ne ho viste sfilarmi davanti agli occhi. La mattina a colazione in sala da pranzo o sul divano, un abbigliamento comodo e il volto stropicciato dall'amore. Nel tardo pomeriggio a bordo vasca o sdraiate sul materassino dentro quello scampolo di mare, le arie da monachelle che mi facevano tirare fuori gli artigli.

Non credo di averne risparmiata una, per quanto più o meno tutte facessero il possibile per risultarmi simpatiche. Io non le volevo in casa, che le frequentasse fuori.

Papà sperava sempre che la sua nuova fiamma potesse andarmi a genio quel tanto da non farla sentire una pecorella tra un branco di lupi.

Quasi tutte cercavano di entrare nelle sue grazie lisciando la figlioletta, ma più ostentavano sorrisetti e moine, più io le massacravo. E mi divertivo a farlo. Ormai era un'equazione consolidata: sorrisetto, cinguettio, uguale io ti bastono.

Qualcuna tentava persino di vestire i panni della sorella maggiore, mi parlava con dolce fermezza e mi faceva intendere che si sarebbe presa cura di me. Dovevo averlo scritto in faccia il mio bisogno di amore, ma quello no! Non lo volevo!

Mio padre, senza alcun avvertimento perché era un suo diritto, mi faceva trovare nel grande casale, a scadenza più o meno regolare, una nuova ragazza in tacchi a spillo, tanto «qui c'è posto per tutti» diceva. Non la pensavo esattamente così, anche perché queste donne tanto erano garbate e discrete i primi giorni, tutto un «permesso, grazie, buongiorno, buonasera», tanto s'impadronivano degli spazi della nostra casa nelle settimane successive. Uno sconfinamento a macchia d'olio con irruzioni anche nella mia intimità che proteggevo col filo spinato. Le detestavo, tutte: nessuna esclusa. La voce, le risatine, le moine, gli atteggiamenti con cui cercavano di conquistare mio padre e lui ci cascava, ogni volta. Possibile fosse tanto debole?

E poi avevo troppa stima di mia madre per poter anche

solo minimamente paragonare una di loro alla sua figura forte e dignitosa. E più mio padre mi portava a casa le sue amichette, più io idealizzavo l'immagine di mia madre che saliva fino a raggiungere l'Olimpo degli Intoccabili.

Non ho mai sperato che i miei genitori tornassero insieme, capivo che sarebbe stata un'impresa impossibile. Ma non riuscivo ad accettare che lui potesse invaghirsi di altre. Come poteva sopportare la loro presenza quando per anni aveva avuto accanto una donna come la mamma?

Sono nata che i miei genitori erano già separati, non so come sarebbe stata una vita a tre. L'immaginazione, anche quella più fervida e sconfinata di una bambina, ha bisogno di almeno qualche aggancio alla realtà. Io non ne avevo. Non sapevo dove andarlo a cercare. Ero rimbalzata da una casa all'altra dal primo giorno di vita, mi ero addormentata in troppi letti provvisori e troppe volte al risveglio mi ero imbattuta in volti quasi sconosciuti. Avevo visto sfilare una moltitudine di tate, *surrogati di madri di passaggio* che mi trattavano come se fossi un oggetto, certo da manovrare con cautela. Ma nulla di più.

Per cui, se anche avessi immaginato una vita in famiglia, c'era sempre un'imminente partenza a rompere l'incanto, una lite in sottofondo, una di quelle donne intente a scendere la scala a bordo di un paio di tacchi, a far crollare il mio castello di carta.

Mi dicevo che mai nella vita avrei fatto quella fine: fingere di amare un uomo.

Cinquanta surrogati di mamme

I miei genitori si separarono quando io ero nella pancia della mamma. Verrebbe da chiedersi perché mi avessero cercata o, semplicemente, perché si fossero sposati. Mia madre non avrebbe mai accettato un figlio fuori dal matrimonio, voleva che fosse legittimo, tutelato sotto ogni profilo.

Quando sentì di aver raggiunto l'apice della sua relazione prese una decisione. Tra di loro la passione non si era del tutto esaurita. Non per papà che non ha mai smesso di amarla. Si volevano molto bene, si conoscevano nel profondo, sapevano che, qualsiasi cosa fosse successa, avrebbero sempre potuto contare l'uno sull'altra.

Mancava solo un figlio alla sua vita, poi cosa avrebbe potuto desiderare di più una donna emancipata come lei? Era evidente che una convivenza matrimoniale sarebbe stata impossibile. Molto meglio uscire di scena prima che la situazione fosse degenerata, non si sarebbe mai perdonata certe orribili dinamiche che logoravano diverse coppie: ripicche, cattiverie, rancori.

Papà era troppo diverso da lei, ma soprattutto la mamma era distante anni luce da lui. Cercavano mondi opposti e strade diverse per raggiungerli. Lo scarto culturale aveva aperto un abisso tra loro. Un baratro che mia madre viveva come un limite alle sue aspirazioni, ai suoi voli, non solo quelli fisici. L'affetto non c'entrava, lei aveva bisogno di altro, di molto di più. Quanto a papà, sapeva sorvolare sulle diversità, ne era affascinato, non spaventato, per quanto si sentisse spesso vulnerabile nei confronti della donna che amava. Nutriva un'ammirazione incondizionata per lei, non so contare le volte che gli ho sentito dire negli anni «Non ho mai conosciuto una donna colta e intelligente come tua madre. Ha un cervello che fuma! É una donna con le palle come non ne incontrerò più!»

I tradimenti, a differenza di quello che raccontavano i giornali, non furono la causa della separazione. Certo, nessuno dei due li digeriva o li subiva vantandosene, ma per entrambi erano diventati una routine, un *modus vivendi*: all'ordine del giorno come le telefonate che si facevano da continenti lontani, le liti e le riappacificazioni. Chissà... Forse senza quella gelosia ancora così accesa, si sarebbero lasciati molto prima.

I miei genitori, bizzarri soggetti, avevano, forse ancor più la mamma che non papà, un concetto libero e spregiudicato dell'amore e della sessualità. Così come papà era abbonato a *Playboy*, lei collezionava *Playmen*. Quante volte nella sua mansarda mi sono imbattuta in quelle riviste, in copertina: Brigitte Bardot, Amanda Lear, Edwige Fenech, Patty Pravo e altre bellissime donne accanto a interviste a grandi personaggi della cultura. La mamma ha sempre amato gli opposti: da una parte la sensualità di quei corpi nudi fotografati con una spregiudicata gentilezza, dall'altra le idee illuminate di scrittori, registi, musicisti e intellettuali dell'epoca a cui veniva dedicata l'intervista centrale.

Ha sempre cercato di crescermi senza tabù. Il sesso, così come il cibo e tutto il resto, faceva parte della vita, né ha mai eretto confini. Anzi, si è sempre prodigata per abbatterli. Da papà, nella fase che precedette la mia nascita, avrebbe solo voluto più presenza. Quel figlio l'avevano desiderato in due, fatto in due, e uno dei due avrebbe dovuto sacrificarsi almeno un po' per poterlo seguire. Perché toccava a lei rinunciare al suo lavoro? Dove stava scritto? E, di contro, lui pensava: «Perché io?»

In nove mesi, mentre attendevo di venire al mondo, devono esserselo chiesto ogni giorno e, forse, ogni tanto pure rinfacciato. Ma nessuno dei due aveva intenzione di rinunciare alla propria carriera per me. Mia madre era ligia al suo lavoro, l'unico per cui valesse la pena di sacrificarsi ogni giorno poiché quel dovere era anche il suo maggiore piacere. Figuriamoci per mio padre!

Quello contratto in Municipio era un di più. I miei genitori sposati lo erano di già: la mamma col suo lavoro volante e papà con la sua musica e i suoi fan.

Immagino che per lui debba essere stato piuttosto complicato vedersi calato nel ruolo di padre: l'eterno ragazzo col ciuffo. Quale capovolgimento esistenziale! Che ne sarebbe stato della sua bella vita in pole position, delle sue partenze senza un ritorno certo?

Non riusciva a concepire un'esistenza troppo diversa da quella che stava vivendo e che si era costruito attraverso una lunga gavetta e un impegno maniacale. In quello non si risparmiava affatto. Papà c'era sempre per i suoi fan, sempre per i giornalisti, gli speaker della radio, gli organizzatori dei programmi musicali, per chiunque volesse rivolgergli delle domande sugli inizi professionali e sui prossimi impegni artistici. In cinquant'anni di carriera si vantava di non aver mai saltato un solo concerto.

Provava un senso di profonda gratitudine per la gente che lo seguiva con tanta costanza e gli consentiva, ogni giorno, di poter continuare a fare ciò che amava di più: la musica. Bene, tutto questo mia madre lo capiva perfettamente. Ma lo stesso valeva per lei.

Papà non poteva rinunciare a cavalcare un'onda che ancora gli avrebbe riservato parecchie soddisfazioni. Il suo obiettivo era quello di non far calare l'attenzione sul suo personaggio e sulla sua musica, consapevole di come le due cose procedessero di pari passo. Aveva la fortuna di essere nato bello e di sapersi muovere con sensualità e naturalezza, i suoi movimenti pelvici mandavano ancora in visibilio figlie e madri. Era stato capace di lanciare nuove mode senza conoscere nulla di moda, semplicemente assecondando i suoi gusti così fuori dal comune. Mi confidò di non essersi ispirato solo a Elvis, ma anche ad Alberto Sordi in *Un americano a Roma,* al Marlon Brando del *Selvaggio* e a James Dean di *Gioventù bruciata.*

Fatto sta che i suoi look venivano ancora imitati e, per certi versi, osannati dallo zoccolo più duro dei suoi fan: gli eterni ragazzi col ciuffo. Sapeva di aver precorso i tempi, di essere stato un apripista. Già dalla fine degli anni Cinquanta le foto di Little Tony erano ovunque e facevano sobbalzare i più tradizionalisti, i nostalgici di Nilla Pizzi e Claudio Villa: sulle riviste di attualità, su quelle musicali e su quelle di moda, nelle case delle ragazze italiane, sopra il letto, dentro gli armadi.

I nuovi giovani richiedevano quel ciuffo impomatato e quei basettoni disegnati dalla forbice che conferivano l'irresistibile aria da macho un po' sfrontato. Insomma, gli uomini lo imitavano, le donne lo desideravano. Con quel volto da bravo ragazzo piaceva alle giovanissime, alle loro madri e pure alle loro nonne. In Italia a godere di quel privilegio c'erano soltanto loro due, gli eterni *giovinotti*: Little Tony e Gianni Morandi.

Quando mia madre chiese la separazione per papà fu una pugnalata. Non se l'aspettava. Non l'aveva preventivato. Per lei, che non aveva vissuto un solo giorno al casale, non cambiò granché. Invece papà, con la scusa di potermi restare più vicino in previsione della mia imminente nascita, affittò un appartamento a pochi metri dalla mansarda e, a furia di soffrire, si fece venire due ulcere. Non riusciva ad accettare quell'abbandono. Se si fosse trattato di tradimenti anche lui, allora, avrebbe dovuto lasciarla da tempo. Com'era possibile? Lui la amava così tanto! Nessuno l'avrebbe amata a tal punto. E, poi, proprio ora che aspettavano un figlio?

Immagino che papà dovette sorbirsi anche qualche predica di nonna Candida che non aveva mai visto di buon occhio quel matrimonio.

Fatto sta che io, appena messo il naso fuori nel mondo, dalla Clinica *Mater Dei* di Roma fui dirottata a casa della mia prima tata di cui non ho praticamente memoria. La mamma viveva nella sua amata mansarda, papà nell'appartamento di fronte, io con una perfetta estranea alla quale la mamma mi aveva affidato affinché, in sua assenza, si prendesse cura di me.

Conducevamo tre vite separate. Per i primi due anni, la mamma mi vide col contagocce: tre giorni al mese quando andava bene. Non mi allattò, delegò la tata a somministrarmi latte liofilizzato della migliore qualità.

Lavorava molto, viaggiava per il mondo, viveva le sue avventure senza mai innamorarsi. Non c'era tempo per l'amore, di relazioni serie non ne voleva più. Nei giorni del suo ritorno a casa, si accertava che la mia salute fosse buona e che la tata mi nutrisse a dovere.

Mio padre, che per almeno un paio d'anni non si diede pace al punto da rinunciare alle sue storielle, soffriva come un matto. Nei giorni in cui la mamma tornava a casa, lui controllava ogni suo spostamento dalla finestra: uscite, entrate, compagnie maschili. Quando la vedeva con un altro uomo si sentiva mancare la terra sotto i piedi, oltre che in diritto di farglielo notare.

Credo che mia madre ci provasse un certo gusto. Per quale ragione avrebbe dovuto condurre una vita monacale? La fede, che forse le era sempre andata stretta come ogni dogma e imposizione, se la sfilò in quattro e quattr'otto. Era una donna libera, più di prima ora che aveva ottenuto quello che cercava: un figlio. Va beh, una figlia.

Anche per mio padre quelli furono anni professionalmente molto impegnativi. Sapeva di non essere più sulla cresta dell'onda e doveva quantomeno non rischiare di sprofondare come era accaduto a parecchi artisti della sua generazione. Nel panorama musicale soffiavano venti nuovi, i cantautori impegnati stavano rubando la scena ai cantanti più leggeri raccontando le contraddizioni di una società in frenetico cambiamento e venivano considerati da una buona fetta della critica più autorevole e da larghe fasce del pubblico giovanile dei semidei: De Andrè, Guccini, Vecchioni, De Gregori. E poi c'erano i cantautori più romantici amati da un pubblico molto vasto, soprattutto femminile: Battisti, Gino Paoli, Cocciante, Baglioni.

Per fortuna i suoi fan non avevano smesso di seguirlo e di mettere da parte i soldi per andare ai suoi concerti e lui era ossessionato dall'idea di deluderli. Se la stampa colta e i salotti televisivi impegnati lo ignoravano o ne parlavano come di una copia provinciale di Elvis, a volte sbeffeggiando i suoi look guasconi, i ragazzi cresciuti con la sua musica non smisero mai di comprare i suoi dischi e di farlo sentire il re del rock'n roll italiano.

«In questo lavoro nessuno ti regala niente» mi ha sempre detto, «non hai alcuna garanzia che il successo sia duraturo. Te lo devi guadagnare ogni giorno.» E lui lo faceva. La musica era tutta la sua vita, l'opera d'arte da affinare e da nutrire. Il resto faceva parte della cornice. Io compresa.

Dopo i due anni con la tata andai a vivere nella mansarda con la mamma, ma non cambiò granché. Mia madre non c'era quasi mai. Spesso si assentava anche per sei mesi di seguito, quando la compagnia richiedeva assistenti di volo disposti a restare più a lungo in uno stesso continente, senza fare ritorno a casa. Lei dava sempre la sua disponibilità, ovviamente veniva pagata di più e poteva godere di alcuni benefici. Nella sua scala delle priorità non era prevista l'idea di una retrocessione dopo tutti i sacrifici che, dai diciotto anni in avanti, aveva fatto.

Alla prima tata successe una moltitudine di altre. Povere malcapitate: nessuna andava mai bene per la mamma. C'era sempre un difetto che si rivelava poco dopo, una mancanza su cui non poteva assolutamente soprassedere. E c'era quella che aveva tentato di avvelenarmi dandomi da mangiare schifezze, quella che non si occupava a dovere della mia igiene personale, quella troppo dura e severa, quella troppo indulgente. Una tata fu allontanata perché aveva mangiato la fettina di vitello che mia madre aveva comprato per me dal macellaio di fiducia. Al suo ritorno mi chiese «Cris, hai mangiato la carne?» Risposi di no. Probabilmente quella povera donna me l'aveva cucinata e offerta ma io, che odiavo la carne, mi ero rifiutata di mangiarla.

Con il cibo cominciavo ad avere un rapporto strano, davo ascolto solo alle voglie del momento. Dolce. Molto dolce. Salato. Niente. Digiuno. Solo acqua. E poi qualche scorpacciata di latte e biscotti o di schifezze, di quelle che tappano nell'immediatezza e anestetizzano il vuoto interiore.

Di periodo in periodo, la mamma non se la prese solo con le tate ma anche con nonna Candida e con zia Lidua, la moglie di Alberto, che in diverse occasioni si occupavano di me specie durante i fine settimana quando dovevo stare con papà e lui non c'era.

Nessuno di quel piccolo esercito succeduto alla prima tata fu mai all'altezza delle sue aspettative.

Tra le tante che mia madre assumeva e licenziava, mai

che mi fosse capitata un'allegra Mary Poppins o una copia della maldestra e affettuosa Mrs. Doubtfire. Non solo non sorridevano mai, ma mi trattavano come se fossi un cassetto da tenere in ordine. Controllate a distanza, si limitavano all'indispensabile seguendo direttive che venivano spiegate in maniera dettagliata al primo incontro, trascritte su dei foglietti che la mamma appiccicava in cucina e rinnovate a ogni telefonata.

Dall'altro capo della cornetta sentivo la voce ferma di mamma impartire ordini alla malcapitata di turno: occuparsi della mia igiene personale e della mia alimentazione, accompagnarmi dal dottore se necessario, controllare che facessi i compiti. Ecco, nessunissima scusa: su quello mia madre era inamovibile. L'istruzione veniva prima di tutto.

Conoscevo molto meglio ogni sfumatura della sua voce che non la sua figura. Quella, dopo mesi di distanza, sfumava un po' nella mia memoria, ma il profumo e la sua voce erano certezze inossidabili per me. *Erano la mia mamma.* Tra le disposizioni che le mie tate erano tenute a rispettare non erano contemplati slanci affettivi o momenti ludici. Ricordo compiti fatti da sola, tabelline imparate a memoria davanti allo specchio, esercizi lasciati a metà pur sapendo che l'indomani l'insegnante mi avrebbe potuto assegnare una nota, interminabili pomeriggi barricata dentro la mia casetta di legno a giocare alla mamma coi bambolotti o a oscillare sull'amaca montata sul terrazzino. Allora, con la musica in sottofondo, immaginavo di essere una ballerina di prima fila o una vedette che si esibisce nei teatri più prestigiosi del mondo di fronte a un pubblico estasiato di bambole, peluche, sassi e cuscini.

Il tutto in una casa disadorna d'amore in cui i miei viaggi fantastici venivano spezzati dai gesti di quelle donne che non sapevano nemmeno giocare alla "mamma e al bambino".

A ogni vuoto facevo corrispondere una figura fantastica che poteva essere una sorellina dai magici poteri o una sorta di angelo custode dotato di ali che spuntavano anche a me dietro la schiena. Allora volavamo liberi per la casa, qualche volta anche per il quartiere a spiare la vita della gente.

Le tate erano meteore nella mia vita in formazione, sapevo che così come arrivavano allo stesso modo se ne sarebbero andate. Chi durava di più, chi meno, talvolta senza una ragione che io riuscissi a comprendere. Era sempre la mamma a decidere tempi e condizioni. Anche per quello sentivo ancor di più la sua mancanza e quando mamma tornava a casa mi sembrava che il motore della vita si rimettesse in funzione.

Una cosa che mi auguravo, quando la mamma rientrava dai suoi viaggi intercontinentali, è che non prendesse tra le mani quella maledetta agendina. Credo di averla odiata almeno quanto le amichette di papà. Dopo cena mamma sedeva a terra, incrociava le gambe e cominciava a sfogliare la sua agenda, dalla A alla Z. Sottolineava qualche nome, si attaccava al telefono e partiva all'attacco. Provava con i condomini del palazzetto in cui vivevamo, poi passava ai vecchi amici. In caso di risposta negativa ripiegava sulle ex tate per poi chiedere a conoscenti affidabili quando anche le ex tate passavano la mano. E certo. Dopo esser state licenziate in tronco, talvolta senza nemmeno una giustificazione plausibile! In vista di una sua prossima partenza, e di una tata fatta fuori in quattro e quattr'otto, doveva piazzarmi da qualche parte. Io sedevo accanto a lei, in ossequioso silenzio, e speravo che tutti rifiutassero. Piuttosto che fare il pacco postale sarei rimasta molto più volentieri nella mansarda. Da sola, pur avendo il terrore del buio. Ma dai miei fantasmi stavo imparando a proteggermi. La mansarda si trovava all'ultimo piano e questo mi tranquillizzava parecchio (i ladri mica hanno le ali), la mamma aveva fatto installare le sbarre a ogni finestra e pure davanti alla porta d'ingresso (i ladri non sono l'incredibile Hulk).

Appena la tata se ne andava io passavo in rassegna ogni spicchio di casa: mi accertavo che la porta fosse chiusa a doppia mandata, pure il cancelletto esterno, aprivo armadi, scostavo tende, guardavo sotto il divano, dietro ogni mobile, dentro ogni camera. Nessuno si era nascosto per poi cogliermi di sorpresa. Nessun ladro, assassino, sequestratore di *figli di papà famosi* che poi avrebbe chiesto a mio padre un cospicuo riscatto.

Accendevo tutte le luci, qualche volta anche la musica, e mi ficcavo dentro al lettone sempre intriso del suo profumo. Era un pezzo davvero bizzarro che lei stessa aveva progettato e che poi aveva fatto realizzare da un artigiano. La strategia, per ovviare a un'incombenza che lei detestava, rifare il letto, si risolveva in quelle tre ruote che le consentivano di poterlo spostare senza girarci attorno.

Quanto al cibo, non sarei certamente morta di fame, ma avrei ripiegato sulla mia pietanza preferita: latte caldo e biscotti. Una *carezza liquida* che cercavo in continuazione come un gattino da svezzare. Senza latte non avrei potuto sopravvivere, controllavo che fosse sempre nel frigorifero oltre a un buon rifornimento nella credenza.

Mentre la mamma telefonava, passando in rassegna nomi e pagine, io scrutavo il suo volto, ogni impercettibile inflessione, affinando l'udito per sentire la voce al di là della cornetta. Voce maschile. Voce femminile. Tono allegro. Tono serioso. Non riesco. Non ora. Magari la prossima volta. Ti do il numero di una brava baby-sitter. E intanto, la monitoravo: mani che stringono, dita tra i capelli, voce che s'incrina, bocca piegata all'ingiù, all'insù. Ormai conoscevo ogni passaggio di quella coreografia.

Rimanevo in silenzio ad ascoltarla mentre tentava di convincere la mia tata provvisoria con un tono di voce fermo e gentile, a volte arrivava quasi a supplicarla facendole presente quanto fossi una ragazzina educata e silenziosa. «È molto più grande della sua età e non fa i capricci» diceva a qualcuno da cui, probabilmente, non ero ancora andata.

Riattaccava, seria in volto, e io mi sentivo una sopravvissuta. Sapevo che non avrebbe mollato ma, intanto, per qualche minuto potevo ancora sperare. A un *sì,* dall'altro capo della cornetta, una luce diversa inondava i suoi occhi e il mio cuore cominciava a battere forte.

«Ti ringrazio, te la porto domani. Vedrai com'è brava, ti stupirà!»

La valigia era già pronta, dovevamo solo aggiungere le ultime cose: lo spazzolino, il pigiama.

Dopo quelle telefonate soggiornavo in casa di qualcuno per un paio di settimane almeno. Per me erano tutti estranei. Spesso mi sistemavano a dormire sul divano che veniva preparato subito dopo cena e risistemato la mattina affinché il soggiorno restasse sempre in ordine. Ovviamente, dovevo rifarlo io ed era per me una doppia incombenza, fisica ed emotiva.

Le notti in quelle case straniere sembravano interminabili, non prendevo sonno subito per quanto invocassi i miei amici immaginari. Loro almeno me li potevo portare sempre dietro.

Mi sentivo di troppo, un'inquilina indesiderata con un piede già pronto fuori dal letto. Avevo la sensazione di dovermi difendere da un possibile attacco, fosse stato un incubo, un rumore sospetto, qualcuno che nel cuore della notte si fosse alzato per andare in bagno o prendere un bicchiere d'acqua in cucina. E pensare che mia madre, perché potessi usufruire di quello scomodo divano, li aveva anche dovuti supplicare.

Il risveglio era durissimo. Lasciavo che gli altri andassero in bagno, come mi aveva insegnato lei, poi sgattaiolavo fuori dalla mia tana e mi chiudevo dentro fino a quando non venivo “sfrattata”. Da quel divano, da quei rumori notturni, presto sarei migrata in un’altra abitazione e alla stessa maniera mi sarei sentita un’estranea. Un pacco che nessuno avrebbe voluto ricevere.

L'arte della cura

I fine settimana li trascorrevo con papà al grande casale sull'Appia Antica che, anni prima, aveva acquistato e ristrutturato. Ma anche mio padre c'era e non c'era. L'unica figura femminile capace di ristabilire un assetto famigliare era nonna Candida. Con la sua presenza docile e ferma ha sempre saputo alleviare il rimbombo della mia solitudine. Lei, così semplice, buona, genuina, sempre pronta a entrare in scena quando era richiesto il suo aiuto. A papà faceva piacere che sua madre, a cui era molto legato, venisse spesso al casale. Era anche il suo punto fermo, l'approdo, due braccia forti che come nessuno lo sapevano confortare.

Papà, che dal di fuori sembrava un uomo così indipendente e scanzonato, era un'anima fragilissima, un aquilone bisognoso di una mano salda capace di riportarlo coi piedi per terra. Ha sempre avuto bisogno dei suoi punti di riferimento. Mia madre, prima fra tutti, alla quale telefonava anche quando si trovava fuori dall'Italia per ogni piccola o grande incombenza: il dosaggio di un farmaco, un consiglio per un abito da indossare per un servizio fotografico, la firma di un nuovo contratto. Poi nonna Candida e, a seguire, i suoi amici. Quei "pochi ma buoni" con in cima alla lista Francesco, il suo meccanico di fiducia che per lui era come un terzo fratello.

E ha sempre avuto bisogno di sapere che, anche in sua assenza, il grande casale sull'Appia Antica venisse abitato e vissuto. Quel continuo andirivieni, specie nei fine settimana, che avrebbe infastidito chiunque, per lui era una manna dal cielo. La sua riscossa, il suo vanto. Da generoso qual era amava che i suoi spazi e il frutto del suo lavoro venissero condivisi con gli altri, anche da sconosciuti, amici di amici di amici. Gente di passaggio che conosceva molto di Little Tony, ma che ignorava quasi del tutto Antonio.

Prima che al casale arrivasse Caterina, la governante calabrese, era nonna Candida a cucinare per tutti. Non so da dove le arrivasse tutta quella energia, era instancabile, una bersagliera sempre in prima linea. Credo che cercasse, in ogni modo, di riparare alle mancanze del figlio vestendo più ruoli allo stesso tempo. Quello di mamma, di nonna, di cuoca, di amica, di confidente, di parafulmine, di mio giocattolo personale, di cantastorie.

Soffriva come me, anche se in silenzio. Mai una volta che si sia azzardata a mettermi contro mio padre o mia madre per via delle loro mancanze. Nonna Candida, alla quale gli amici di papà si rivolgevano con rispetto e tenerezza poiché lei era *la madre di tutti*, è stata la parte più sana della mia infanzia, il pilastro a cui mi sono aggrappata nelle stagioni dei temporali e del vento di tramontana. Freddo. Freddissimo.

La nonna, a differenza delle tate, giocava per ore e ore con me, senza lamentarsi. Era una santa. Le facevo fare veramente di tutto, saltavo come un canguro sul letto tanto da costringerla a cambiare periodicamente il materasso. Giocavo a pallavolo in casa e la coinvolgevo in interminabili partite: io e la nonna eravamo *Mila e Shiro, due cuori nella pallavolo.*

Tonda, morbida nel corpo e nell'anima, l'espressione serena, non ricordo di averla mai sentita parlare male di qualcuno o inveire contro qualche santo o vedere il brutto da qualche parte, che non fosse la morte. E, volendo, pure lì ci trovava qualche buon risvolto: la pace, il paradiso e gli angeli. Mi insegnò a cucinare, a giocare a carte, a pregare, ad amare i fiori. Con lei adoravo fare il gioco di *Marcellino pane e vino*. Un giorno i frati (ovvero la nonna che li interpretava tutti) trovarono sulle scale del convento un piccolo orfanello (io) e se ne presero cura con dedizione. La trama era sempre la stessa e ogni volta la si doveva ripetere in maniera precisa: nonna mi avvolgeva in un grande asciugamano, tutta dentro: gambe, braccia, pure la testa. Mi raggomitolavo sul letto e… ciak si gira!

«Ma che cosa c'è qui, un fagottino, un cagnolino? Ma guarda… un bambino, correte frati, correte!»

Tutti i frati accorrevano, lei era tenuta a fare le voci di ognuno di loro cambiando intonazione e pure accento. Mi srotolava e tac! Uscivo io, piccola e spaventata. Da quel momento la nonna-frate si prodigava per me: mi riscaldava, mi sfamava, mi pettinava, mi cullava. Lei e tutta l'allegra brigata di frati francescani.

«Fra Pappino prepara la pappa» e la nonna-Fra-Pappino mi offriva una tazza di latte. «Fra Bagnetto, è ora di lavarla per benino» e mi strofinava con una spugna e mi faceva il solletico. E c'erano Fra Canterino, Fra Massaggino, Fra Scoreggino, Fra Pettinino, Fra Ninna-nanna.

Feci con lei questo gioco fino a quattordici anni. Era molto più che un semplice diversivo: la nonna mi restituiva l'accudimento che non avevo mai avuto, ogni passaggio dell'amore più incondizionato e il senso di appartenenza. Spesso carezzavo la sua pancetta e le dicevo «Nonna, voglio tornare qui dentro.»

Nonna Candida soffriva di cuore, aveva avuto in precedenza qualche attacco e doveva restare sotto controllo. Assumeva regolarmente le sue medicine, ma non riusciva a seguire una dieta, era troppo golosa. Papà era sempre preoccupato per la sua salute, chiamava spesso per sapere se si stesse curando… *e mi raccomando non stancarti troppo*! Tra di loro c'era un legame indissolubile, lui era il figlio prediletto, quello più simile a lei, stesso animo buono, stesso cuore grande e fragile.

Quando nonna Candida morì fu un dolore immenso per me. Avevo ventiquattro anni, vivevo già fuori casa, mi ero allontanata da papà e avevo conosciuto lo strazio per la morte di mamma. Se ne andò senza fare rumore, così come aveva vissuto.

Ci fu un'altra figura femminile, seppur non paragonabile a quella della nonna, che riuscì ad ammansire un po' i miei rimbombi interiori. Quando arrivò Caterina, la governante calabrese tuttofare, il casale si animò della sua voce allegra e dei suoi aromi: sughetti prelibati, peperoncino ed erbe aromatiche, linguine alle melanzane, pasta con le alici e pachino fresco, le sue famose polpette affogate nel sugo rosso. Caterina, quando la nonna era a Tivoli dove viveva, si premurava tutti i giorni di preparare il pranzo e la cena che poi disponeva in bella vista sul bancone della cucina. Io e papà ci servivamo come in un self-service. Non mi piaceva affatto, mi sentivo precaria, di passaggio. Avrei voluto sedermi a tavola e mangiare accanto a lui affinché mi guardasse negli occhi e mi dedicasse il tempo che sentivo di meritare. Gli avrei parlato della scuola, delle lezioni di danza e dell'insegnante che credeva nel mio talento, del mio desiderio di poter partecipare a qualche festa come facevano le mie coetanee, andare al cinema, a mangiare un gelato. Invece mi sentivo prigioniera in quella grande casa isolata dal resto del mondo, di lui che mi proteggeva dalle sue ossessioni senza tener conto delle mie esigenze. Senza abbracciarmi mai o tentare di capirmi.

Spesso il sabato e la domenica mi portava a pranzo fuori in un ristorante vicino casa, *Da zio,* dove ci sentivamo in famiglia. Lo abbiamo frequentato per quasi vent'anni, sempre gli stessi proprietari, gli stessi camerieri che servivano i nostri piatti senza che ci fosse bisogno di ordinarli. Mi piaceva che mi conoscessero così bene da non dover ogni volta chiedere «Mi porti i rigatoni col pachino?» Lì non ero solo la figlia di Little Tony o un pacchettino da sistemare o ritirare. Lì ero una ragazza allegra che s'infilava in cucina per salutare i cuochi e conosceva ogni angolo di quel ristorante come se ci fosse nata. Non certamente una gran mangiona, ma quando mi sentivo nel posto giusto e ben accolta non lasciavo niente nel piatto. E chiedevo pure il dessert.

Papà, che per motivi di lavoro mangiava spesso fuori casa a orari improbabili e si procurava gastriti e pure qualche ulcera, quando rincasava amava quella dimensione famigliare, la cucina semplice, i cibi sani, così come le abitudini salutistiche con cui rimetteva in equilibrio i suoi bioritmi. Qualche volta veniva a cena con noi l'amichetta di turno. Non ero contenta di quelle presenze, ma vedevo papà felice e mi sforzavo di mantenere la calma.

A differenza di molti suoi colleghi, lui non amava la vita mondana. Fuori dal lavoro preferiva trascorrere il tempo con i pochi amici, scorrazzare con i suoi gioielli, fermarsi a cena in un ristorante al mare, fare una capatina dal sarto o andare alla ricerca di dischi che non potevano mancare alla sua collezione. E, ovviamente, concedersi qualche avventura. Meglio se lontano da occhi indiscreti. Dai miei, soprattutto, che potevo diventare una furia ingestibile se mi fossi trovata davanti quelle ragazze in tacchi a spillo.

I grandi nomi, le feste che contano, certi ambienti esclusivi per cui altri avrebbero fatto carte false, lo mettevano a disagio. La sua congenita timidezza non l'ha mai abbandonato. Il successo non se l'è portata via. È rimasta lì, coperta dalle giacche stravaganti, mitigata dal sorriso accattivante che papà usava da corazza e lasciapassare. Un conto era salire sul palco ed esibirsi fino all'ultima nota, altra faccenda era ritrovarsi in un salotto elegante accerchiato da gente che mai avrebbe sognato di frequentare nella vita. Le sue radici, i pomeriggi trascorsi a San Giovanni a scorrazzare in motocicletta con gli amici, poi le serate musicali col padre e i fratelli nei ristoranti ai Castelli, nelle piazze, tra un pubblico popolare, credo abbiano forgiato il suo carattere come il fabbro plasma l'acciaio.

Sul palco, attorniato dalle luci, dalle chitarre e dal pubblico in delirio, usciva il leone, il re della foresta che sbrana le sue stesse paure. Una volta sceso tornava a essere il ragazzo timido e un po' insicuro che è sempre stato dietro le quinte. Certo, qualche salotto giusto lo frequentava, ma gli costava sempre una gran fatica. Spesso diceva: «Stasera vado.» Poi temporeggiava, trovava una scusa. E pensare che papà è sempre stato molto richiesto in quelle *feste in*. Lo invitavano per via del suo carattere gioviale e gentile, mai polemico. Era come fare bingo. Due in uno: Antonio e Little Tony. Tanto sapeva che la serata si sarebbe inevitabilmente conclusa con una esibizione «Dai, almeno *Cuore Matto* o *Riderà*.»

Una volta presa famigliarità ci stava anche bene tra quella gente importante che lo faceva sentire altrettanto importante. In quei salotti romani poteva incontrare colleghi, imprenditori, discografici, gente che conta, della televisione, della politica e del cinema. Per quanto ancorato alle sue origini umili, è sempre stato consapevole di non aver la possibilità, con un lavoro come il suo, di ritirarsi in un eremo. Ecco, fatta qualche eccezione, papà preferiva la quiete e la dimensione più domestica che aveva creato al casale. Una sorta di piccolo villaggio sempre in movimento in cui tutti si davano da fare per compiacerlo.

Quando a tredici anni andai a vivere in pianta stabile da lui conobbi una nuova forma di solitudine. Gli spazi immensi amplificavano i miei vuoti interiori, spesso ne avvertivo il rimbombo e allora ascoltavo la musica o chiamavo la nonna, zio Alberto e zia Lidua. Vivevo in quel perenne pin-co-panco emotivo. Con la mamma i dissapori aumentavano di anno in anno, soprattutto per via della scuola. Era la sua fissazione: avrei dovuto impegnarmi molto di più, distinguermi dagli altri e portare a casa voti diversi da quelli che meritavo. Giudizi che erano accompagnati dalla solita frase: «È una ragazza sveglia, ma distratta.»

La mia testa era sempre altrove, ingarbugliata di pensieri che non trovavano pace. Non mi andava di studiare per compiacere la mamma. Che mi accettasse così com'ero. Come io accettavo lei.

In quella casa immensa sentivo la mancanza di papà, che incontravo nelle gigantografie sulle pareti e dentro le cornici in bella vista, e allo stesso tempo provavo per lui un astio che guadagnava sempre più terreno e che a ogni suo ritorno non perdevo occasione di manifestargli.

Poi, il grande tavolo in salone perennemente apparecchiato mi ricordava che noi, in fondo, una famiglia lo eravamo: bizzarra, anticonvenzionale, tutto un mordi e fuggi, un'attesa, una partenza e un ritorno. Ma quello avevo e quello avrei dovuto farmi bastare.

In certe occasioni papà ai miei occhi appariva come un benefattore. In molti arrivavano al casale con qualche richiesta: un posto per il figlio, un prestito economico (a buon rendere, s'intende) o semplicemente la condivisione di una nuova solitudine conoscendo la sua ospitalità. Ormai si era sparsa la voce che la casa di Tony e la sua strepitosa piscina fossero sempre aperte. Bastava spingere il grande cancello in ferro battuto, attraversare il vialone alberato, costeggiare l'oliveto, infilarsi prima nello spogliatoio, poi nel costume da bagno e tuffarsi in acqua. Spesso mi sono ritrovata accanto a emeriti sconosciuti che si sollazzavano al sole e sorseggiavano cocktail. Tutto normale per papà. Un po' meno per me.

Dai quattordici anni fino alla maggiore età furono gli zii a occuparsi della fragile, inquieta, turbolenta Cristiana, dei suoi continui alti e bassi, della rabbia e delle grida, delle risate che in un batter d'occhio potevano degenerare in un pianto inconsolabile.

In quel periodo papà si trasferì a Cologno. Con Bobby Solo e Rosanna Fratello costituì i Ro.Bo.T, un'operazione revival che ebbe un discreto successo popolare. Cantavano i successi del Festival di San Remo e i loro cavalli di battaglia. Erano ospiti fissi a *Cantando Cantando*, un programma a quiz condotto da Gino Rivieccio, oltre che richiesti alla radio e in altri contesti televisivi.

Quando rientrava io non ero affatto contenta, sapevo che si sarebbe interrotto un flusso di serenità che mi proteggeva. Era come galleggiare sulla superficie dell'acqua: il sole caldo sul viso e poi essere colpita da un'onda gelida. Con zio Alberto e zia Lidua si era instaurata una confidenza speciale che non richiedeva da parte loro alcuno sforzo, mi capivano con uno sguardo, sapevano sedare le mie ansie avvolgendomi in un abbraccio.

Cenavamo insieme attorno al grande tavolo, in quei momenti imparavo a riconoscere il sapore delle pietanze cucinate dalla zia e tutto mi sembrava più appetitoso. Dopo cena guardavamo un film sul divano. Era bello sentire addosso il loro calore, stringere la mano degli zii per accertarmi che fossero ancora lì. Finalmente qualcuno aveva voglia di restarmi accanto, non davo la scossa. Non ero più scontata e invisibile. E nemmeno solo "una preoccupazione da dover gestire in qualche modo."

Qualcuno rideva alle mie battute, mi trovava simpatica, amava guardarmi ballare e non doveva ripartire subito. La zia era molto affettuosa con me. Cucinava quei pochi piatti che riuscivo a mangiare con l'entusiasmo di un pittore che realizza le sue tele. Accostava pochi ingredienti, quasi sempre gli stessi, e inventava nuove ricette "a misura di Cristiana" purché mi nutrissi. Ero minuta e cagionevole, pallida e con lo sguardo affranto. Me ne rendo conto oggi che riguardo le foto di quegli anni. Il pomeriggio la zia mi aiutava nei compiti, la scuola e tutte quelle materie non mi sembravano più così noiose. Facevamo merenda, uscivamo in giardino, quando ero giù mi consolava, a lei le parole giuste venivano sempre senza doverci pensare troppo. E se nemmeno le parole fossero riuscite a farmi sorridere, sapeva che avrebbero rimediato i suoi abbracci.

Il giorno della *Festa della Mamma* era alla zia che dedicavo la letterina ed ero ben felice di rileggerne qualche passaggio alla mamma quando la sera telefonava.

Cara micetta mia, tu sei la migliore mamma che una ragazza possa desiderare. So che spesso sono nervosa e antipatica, ti chiedo scusa, ma i miei genitori non mi danno tregua, non sanno come prendermi, mentre tu sai tutto di me.

E chiedevo a zio Alberto: «Sarai tu, vero, ad accompagnarmi all'altare il giorno delle nozze?»

Con loro accanto non avevo bisogno di grandi cose, di regali costosi, non avevo nemmeno più bisogno di ripetermi che io fossi "la figlia di Little Tony".

Gli zii non erano famosi, nessun giornalista si presentava con la troupe fino al grande casale per un'intervista, ma a me andavano bene così. Erano molto più speciali di tutta la gente famosa che avevo visto sfilare in salone. Zio Alberto, che pur era un bravo musicista e aveva suonato per anni con papà, a un certo punto della vita aveva anteposto la famiglia alla carriera e solo per questo meritava tutta la mia stima. Avevo tante incertezze, ma su una cosa ero inamovibile: anche io avrei avuto la mia famiglia, una grande famiglia: tanti bambini in giro per casa e a loro, non certamente alla carriera, avrei dedicato la mia esistenza.

Gli zii e nonna Candida mi stavano insegnando *l'arte della cura*. Ai miei figli avrei restituito tutto il loro amore.

Il venerdì sera papà arrivava con il solito carico di doni. Man mano che crescevo le bambole e i giocattoli lasciavano il posto ad abiti e borsette firmate. Io avrei volentieri barattato tutta quella roba con la pace famigliare. Lui tornava e gli zii se ne andavano. Sapevo già come si sarebbe comportato, le ore che avrebbe trascorso eclissato in camera sua, i nostri fugaci incontri, i muri di silenzio interrotti dai miei sfoghi. Ero certa che papà avrebbe tentato di calmarmi senza provare a capirmi e che avrebbe cercato di anestetizzare i miei impeti di rabbia anziché chiedermi cosa mi stesse succedendo.

Per ripicca infilavo i suoi regali nell'armadio senza nemmeno provarli. Vestiti bellissimi dei miei stilisti preferiti che, di lì a qualche settimana ancora con i cartellini attaccati, avrei regalato a un'amica o a mia cugina.

Dal momento del suo ritorno fino alla domenica sera, papà era la solita stella cadente con troppi desideri da esaudire. Ai miei credeva di aver assolto con quei regali costosi. Si alzava piuttosto tardi la mattina per recuperare le ore di sonno perso, faceva yoga con un maestro che si lasciava dietro una scia d'incenso, mangiava chiuso in camera, riascoltava qualche registrazione e trovava sempre un difetto da correggere. Aveva bisogno dei suoi spazi, dei suoi silenzi, dopo tanto trambusto. Non l'ho mai visto una sola volta in disordine. Anche in casa papà era impeccabile: capelli impomatati, la sua vestaglia di raso o uno dei completi più casual.

L'aspetto estetico è sempre stato un prolungamento della sua personalità: ogni giorno impiegava nel sistemarsi la stessa minuzia che riponeva in qualsivoglia aspetto del suo lavoro. Manicure, pelle del viso idratata, abiti cuciti addosso da mani esperte, capelli curati con i migliori prodotti e ginnastica a gogò affinché i muscoli fossero tonici e le articolazioni elastiche al punto tale da consentirgli quegli 'affondi alla Elvis' che ancora concedeva al suo pubblico.

Che *anche l'involucro vuole la sua parte*, mio padre lo aveva capito fin dai quindici anni quando, nel condominio in cui viveva con la famiglia a San Giovanni, saliva in terrazzo e, tra i panni stesi ad asciugare, di nascosto da occhi indiscreti, si allenava con due ferri da stiro. Le ragazzine lo guardavano già con interesse e lui ricambiava generosamente. Un talento precoce che non avrebbe mai tradito.

Certe sere di buona mi ritagliavo uno spazio accanto a lui mentre provava qualche pezzo o lo riascoltava col suo mastodontico impianto stereo canticchiando e accennando qualche mossa. Estasiata assistevo alla prova dei nuovi costumi di scena. Trovavo le sue giacche incredibilmente belle, credo che lì sia nata la mia passione per gli abiti estrosi che poi ho indossato nei suoi spettacoli quando mi esibivo come corista e ballerina. Molto colorati e appariscenti. Quei completi bizzarri solo lui avrebbe potuto indossarli con tanta disinvoltura, come se fossero una seconda pelle. Nessun altro papà. E allora cercavo di convincermi che in fondo, per quanto assente, non fosse tutto sbagliato.

C'erano giorni in cui al casale ci si incontrava appena, quasi per sbaglio. Lui restava barricato nello studio a lavorare e spesso la sera apparecchiava il suo vassoio e consumava la cena in camera. Dalla porta chiusa arrivava la voce della televisione: partite di calcio, Formula 1 o qualche pezzo musicale. Ecco, da quello che ascoltava cercavo d'interpretare il suo stato d'animo.

Pezzi di Ray Charles e Steve Wonder quando voleva ritrovare la serenità, di David Bowie, Rolling Stones e Jimmy

Hendrix quando aveva bisogno di ricaricare. Poi la musica scemava e si sentiva solo la sua voce. Poteva restare al telefono per ore a parlare di lavoro o, con tono più languido, di amore. Spesso la domenica mattina, con il suo amico Francesco, liberava dal garage i suoi gioiellini a quattro ruote, li disponeva in semicerchio e li lucidavano. Mi diceva: «Cris, facciamo correre le macchine fino al mare?» Mi piacevano quelle gite fuori porta in sua compagnia, ci fermavamo a pranzo in un bel ristorante e io finalmente potevo lasciare il grande casale alla periferia del mondo dove mi sentivo la principessa prigioniera nel castello.

Rabbia & felicità

Oltre alle sorelle e ai fratelli immaginari, c'è stata una presenza assidua che mi ha accompagnata per tutti gli anni della mia crescita. Si chiama *Rabbia*. Ma allora, non sapendola decifrare, le assegnavo nomi diversi. Me la prendevo con i miei capelli, con il mio corpo, con il cibo, con gli zii, con la nonna, con la governante e, ovviamente, con i miei genitori.

Ho cominciato a percepirne la presenza intorno ai dieci anni quando, cogliendoli del tutto impreparati, domandavo a mamma e papà: «Perché voi non fate i genitori?» Oppure: «Perché sono cresciuta con le tate?» E ancora: «Se non mi volevate perché mi avete cercata?»

Sentivo la morsa delle loro decisioni come un cappio attorno al collo che certi giorni mi impediva persino di respirare. Loro erano felici, quella vita se l'erano scelta. La mia, invece, subiva ogni giorno i loro colpi di testa. Se solo avessero immaginato le conseguenze. Ancora oggi, quando esco per un paio di ore o mi assento per una serata, mi sento in colpa con i miei figli.

Avevo genitori professionalmente realizzati e, almeno per me, del tutto invisibili. Io no, non ero realizzata come figlia. Ero solo invisibile e un po' li invidiavo. La mamma, come un'aquila reale, volteggiava da un continente all'altro a bordo degli aerei più moderni. Infilata in una divisa che le stava a pennello, sorrideva ai passeggeri, controllava che il loro bagaglio a mano fosse ben disposto e che la cintura fosse allacciata. Serviva tè caldo e biscottini, oppure vino e sandwich, faceva quei gesti strani con le mani per addestrarli sulle procedure in caso di emergenza e li tranquillizzava in cinque lingue diverse. Ma io, in tutto quello, non c'ero mai. Sapevo della sua vita volante perché in qualche occasione mi portò con sé, come quando a dodici anni l'accompagnai a Toronto. Capire cosa facesse a bordo di quegli enormi gabbiani me la rendeva meno distante e misteriosa. Se non altro durante le lunghe assenze potevo immaginarla accanto a una collega, vestite uguali, impegnate a servire le vivande ai passeggeri, a spingere quel carrello barcollante, a consegnare bustine di zucchero, tovagliolini e qualche gadget offerto dalla compagnia aerea.

Capitava che con la nonna Candida si salisse su un aereo per raggiungerla in capo al mondo. A Tokyo, a New York o a Rio de Janeiro. Durante quelle traversate sopra gli oceani che avevo studiato a scuola, con la nonna che non parlava una sola parola d'inglese, mi dicevo che forse un giorno anche io avrei fatto il suo stesso lavoro. Non che lo trovassi così entusiasmante, molto meglio la ballerina, ma se quell'occupazione la rendeva felice al punto da rinunciare a me forse ne valeva la pena.

Potevo avere una famiglia, dei bambini e lavorare come hostess? Mi sforzavo di far combaciare le due cose, ma era come voler infilare i piedi in un paio di scarpe troppo strette o unire tra di loro due pezzi sbagliati di un puzzle. Lo chiedevo anche alla nonna che mi spiegava come tutti i lavori in fondo fossero complicati, non solo quello dei miei genitori.

«Sì, ma tu nonna ti sei presa cura dei tuoi figli, non li hai mai lasciati soli o con le tate.»

Immagino che non dovesse essere semplice per la nonna rispondere alla caterva di domande insolenti. Oltretutto io mi sentivo in diritto non solo di porgerle, ma anche di ricevere le mie risposte.

Per quanto lei tentasse di placare la mia ansia, quelle risposte non arrivavano mai e quell'ansia si tramutava in rabbia. Qualcuno mi grattava da dentro, ma non sentivo il solletico, era una sensazione diversa, sgradevole, che mi faceva dire cose sbagliate, lanciare gli oggetti, scalciare a vuoto. Con quella rabbia avrei dovuto fare i conti per molto tempo ancora, almeno fino alla nascita del mio terzo figlio.

Una volta nonna Candida mi accompagnò in aereo fino in Brasile. Atterrammo a Rio de Janeiro, un pulmino ci scortò all'hotel dove la mamma soggiornava, la sua base durante le tratte in America Latina. Mangiammo insieme in pochissime occasioni, la mamma era sempre impegnata. Quando non lavorava ripassava le tratte e il manuale di bordo che veniva regolarmente aggiornato. Lei, mi diceva, doveva sempre conoscerne ogni voce per non farsi trovare impreparata. Così dava una "rinfrescata" alle lingue: inglese, spagnolo, francese, russo. Si alzava molto presto la mattina per sistemarsi come una modella e poi… plaf, scompariva. Come sempre, anche se io avevo attraversato mezzo mondo per restarle accanto, parlava di lei più la sua assenza che non la sua presenza.

Io e la nonna ci facevamo compagnia in albergo e in piscina. Ogni tanto con il pulmino e qualche altro turista ci concedevamo un'escursione fino alle spiagge più belle del litorale o nel cuore della città in attesa che lei tornasse. Una mattina accadde una cosa che mi sconcertò. Mentre nuotavo in piscina l'acqua si colorò di rosso. Mi ero ferita? Un ragazzo abbronzato, gesticolando come un matto, si avvicinò a bordo vasca e gridò: «No! No! What did you do? No! Out! Out!»

La nonna faticò a comprendere cosa fosse successo, non capiva una sola parola di quello che il bagnino diceva, ma quei *no* la misero in allarme. Io, invece, avevo un presentimento, ma mi sembrava davvero impossibile che per un solo goccino di pipì quel tipo facesse tante storie. Cosa si erano inventati i brasiliani per mettere in imbarazzo una bambina?

Ci allontanammo dalla piscina piene di vergogna, restammo barricate tutto il giorno nella nostra stanza, senza nemmeno mangiare o chiamare la reception per farci portare qualcosa. Mi auguravo che al ritorno della mamma, nonna Candida non dicesse nulla. Ma lei, non certamente per cattiveria, le raccontò tutto e da quel momento la mamma non fece che raccomandarsi con me: la pipì dovevo farla prima di immergermi. Ovviamente, in quella piscina non entrai più.

Spesso sentivo parlare di felicità. Ne dibattevano in televisione e alla radio, ne argomentavano i poeti e i filosofi che studiavamo a scuola. Anche mio padre durante le cene al casale, accerchiato dai suoi amici strani, ogni tanto se ne usciva con quella parola. Per lui *felicità* era sinonimo di musica, dei concerti in giro per il mondo. Felicità erano i suoi fan che non lo avevano mai abbandonato e il successo che poteva condividere con tutti noi. In quei momenti i suoi occhi si illuminavano di una luce diversa, la stessa che vedevo tutto attorno mentre saliva su un palcoscenico: lanciava uno sguardo al suo pubblico e soffiava nel microfono per accertarsi che funzionasse. Ecco, lì aveva inizio la sua felicità. E anch'io finalmente la potevo vedere. Aveva i colori delle sue giacche: era dorata, rossa, blu elettrica, sberluccicante, piena di frange come stelle filanti. Dentro di me tutti quei colori io non li percepivo. *Forse, non li meritavo?*

Accanto alla rabbia, in quegli anni che mi traghettavano verso la fase critica dell'adolescenza, crebbero anche i sensi di colpa. Tra un «Perché mi avete cercata?» e un «Non mi volete bene, sono un peso per voi» s'insinuarono come spifferi freddi altri interrogativi: «Forse è solo colpa mia. Non merito il vostro amore. Non merito di essere felice.»

Dalla rabbia e dai sensi di colpa mi difendevo con la trasgressione delle regole che mi venivano imposte. Non studiavo, rispondevo male, mangiavo tutto quello che mi passava per la testa agli orari più impensabili. Niente frutta e verdura con le vitamine che fanno tanto bene, ma tazze di latte e biscotti, pizzette e patatine. A volte saltavo il pranzo e pure la cena nonostante le tate minacciassero di raccontare tutto a mia madre. Che lo facessero pure! Le avrei detto io, poi, quello che andava detto! Non temevo più i suoi rimproveri, lo sguardo acuminato che sapeva mettermi sull'attenti. La rabbia che sentivo in corpo e che, talvolta, mi infuocava le guance era il miglior lasciapassare per le mie piccole ripicche.

Provavo un piacere sottile nel punirli, entrambi. Quella rabbia che veniva alimentata dai sensi di colpa mi consegnava un coraggio inaspettato. Ora mi avrebbero sentita, tutti e due!

La vita era la mia. Io avrei sofferto, gioito e pagato le conseguenze. Io l'avrei costruita come pareva e piaceva a me da quel momento in poi! Non facevo che ripetermelo. Spesso la notte mi svegliavo di soprassalto con quei fulmini dentro la testa «La vita è mia, voi avete la vostra, tenetevela!»

Inaugurai una nuova stagione punitiva, sia con lei che con mio padre. Dovevano sapere, non potevano farla franca. Non perdevo mai l'occasione di far notare a papà quanto poco ci fosse stato, quanto la sua figura stesse diventando sempre più estranea e che le sue parole fossero del tutto irrilevanti. Come i regali che seguitava a portarmi illudendosi di poter saldare il conto.

Quando lui mi parlava io lo ignoravo o mi chiudevo in camera mia, alzavo la musica a tutto volume e speravo che lui sentisse esattamente lo stesso sconcerto e l'angoscia che avevo provato io nel non sentirmi mai del tutto accettata.

Mai come in quei momenti avrei voluto vicino una sorella, un fratello. E invece. Nemmeno quello mi avevano concesso i miei genitori. Possibile che non avessero mai pensato che con un fratello accanto sarebbe stato più facile per me? Anche sopportare la rabbia e i sensi di colpa. Alla loro assenza, ormai, avevo fatto il callo. Non pretendevo più che ci fossero, ma che almeno pagassero pegno.

Non mi merito il loro amore, mi ripetevo la sera prima di dormire. Sono io quella sbagliata. Non sono nata col loro talento. Sono troppo debole. *No, la colpa è tutta vostra*. Siete dei pessimi genitori. É giusto che tutti lo sappiano. Altro che la figlia di Little Tony!

Poi, dentro la mia testa, il circuito virava in un'altra direzione. Perché avrebbero dovuto rinunciare alla loro felicità? Se lo avessero fatto per causa mia sarebbero arrivati a odiarmi. Bene, mi dicevo, io troverò la mia strada. La mia casa. La mia felicità.

Mentre la testa s'ingarbugliava in supposizioni, il corpo cominciava a deperire.

Avevo un rapporto bizzarro con il cibo. Bizzarro come le giacche di papà e le parrucche della mamma. Come il loro amore per me.

La grande tavola apparecchiata

Mio padre ha sempre amato fare le cose in grande. Non è mai stato uno che si è accontentato. Non per avidità o ingratitudine, ma perché era come un bambino entusiasta e con gli occhi di un bimbo ha guardato il mondo. Sapeva essere molto obiettivo quando si trattava di sè, non se la raccontava, conosceva bene i suoi limiti e i suoi punti di forza, primo fra tutti la tenacia.

Era consapevole di essere stato baciato dalla fortuna. «Mi sono trovato al posto giusto con le persone giuste, più volte nella vita» ripeteva. Anche la mamma amava ricordarglielo: «Sai quanti cantanti più bravi di te non hanno avuto la loro occasione?»

Era un generoso e un riconoscente. Lo era con se stesso e con gli altri e la sua casa da pop star, all'interno del parco archeologico dell'Appia Antica non distante da quella di Anna Magnani e dalla maestosa residenza di Sophia Loren, lo rispecchiava in tutto e per tutto. Il grande casale non ostentava ricchezza, non celebrava il suo proprietario, semmai lo raccontava attraverso le piccole manie, le passioni che poi erano le sue stesse ossessioni.

Un maestoso ingresso dedicato al suo mito "Elvis Presley Boulevard", "Rock'n roll Avenue", due Cadillac fiammanti disposte in bella vista come statue antiche, piante secolari, un oliveto per produrre un olio assai prelibato verso il quale papà provava un orgoglio genuino, un immenso garage in cui custodiva i suoi gioielli: Ferrari, Cadillac, Lamborghini,

Jaguar. Poi l'immensa piscina con tutti i comfort possibili e immaginabili. Provava piacere nel vedere gli amici godere dei suoi privilegi. Non lo faceva per pavoneggiarsi di fronte a se stesso. Se non avesse sempre condiviso tutto sarebbe morto molto ricco. La sua casa fantastica è stata come un enorme Luna Park, chi entrava avrebbe trovato la sua sorpresa. Anche qualche ricompensa.

Il cuore del casale era il grande salone palpitante di vita, musica e incontri. Una parete interamente ricoperta dalle sue copertine. A partire dalle prime, sul finire degli anni Cinquanta quando papà veniva raccontato come il nuovo Elvis italiano, fino alle ultime. Foto posate, foto rubate, primi piano molto seducenti, in evidenza lo sguardo profondo e il ciuffo ribelle che aveva adottato una volta scoperto quanto piacesse alle ragazze e non certo per motivi ideologici. Lui non è mai stato contro o a favore di alcuna ideologia, né ha mai amato far parte di una *scuola*, anche se poi una certa stampa lo ha etichettato come uno *yè yè:* eterni giovinastri, spavaldi e leggeri, tutto un ritornello, un ammiccamento, ben distanti dai cantautori impegnati.

Accanto alle foto di cui andava tanto fiero sfilavano le copertine dei suoi 45 giri, i premi e i dischi d'oro vinti e la carrellata di immagini che lo ritraevano al *Cantagiro*, a *Canzonissima*, al *Festivalbar* e a quello di *San Remo*. Uno degli oggetti a cui teneva di più era un jukebox degli anni Cinquanta con i suoi 45 giri originali. Tutto attorno foto di Elvis, Marilyn e James Dean.

Papà aveva l'istinto e la curiosità del collezionista. Con gli oggetti instaurava un rapporto quasi fisico, tutt'altro che spirituale. Erano presenze reali che gli garantivano un senso di continuità e lo tenevano aggrappato a quelli che considerava gli aspetti più belli della vita. Anche per questo possedeva alcuni gioielli molto ricercati nel mondo dell'automobile *d'antan*. Un amore nato negli anni Sessanta quando le hit-parade e i soldi guadagnati con *Cuore matto, La spada nel cuore, Un uomo piange solo per amore* e *Riderà* gli avevano permesso spese e investimenti consistenti.

É sempre stato una gazza ladra, mio padre. Il minimalismo, le tinte mansuete, gli oggetti pacati e anonimi non gli sono mai piaciuti. Un Andy Warhol del rock'n roll, con quello sguardo scanzonato, ma molto attento a tutte le novità che provenivano da Oltreoceano. Perché il vero divertimento da cui trarre ispirazione per lui risedeva là: gli Stati Uniti e il dinamismo, l'avanguardia e la leggerezza di cui andava alla ricerca per controbilanciare una congenita malinconia.

Quello che mi è sempre piaciuto di papà è che non è mai stato uno snob. Non ha mai rinnegato le sue umili origini e ha saputo apprezzare il basso e l'alto, i lustrini e la polvere, la compagnia dei colleghi e degli artisti come quella dei suoi amici meccanici, dei muratori, dei contadini e dei giardinieri che lavoravano al casale. Perché c'era sempre una parete da rinfrescare, uno spazio verde da rinfoltire, un motore da far ripartire.

Il salone era stato concepito come una sorta di intimo palcoscenico sul quale ogni giorno poteva sentirsi protagonista. Invitava i suoi amici per condividere momenti musicali e non solo. Ne ho visti sfilare parecchi. A un suo fischio Caterina buttava chili e chili di pasta in un'enorme pentola e cominciava a spadellare sughetti col pachino fresco, frittate, polpette e dolci della tradizione mediterranea.

Ho sempre visto gente molto curiosa seduta a quel tavolo apparecchiato: artisti, musicisti, produttori, giornalisti, ma anche persone comuni dal volto e dalle mani segnati dal lavoro. Come Francesco Rosci, suo amico fraterno, appassionato come papà di motori, compagno di mille scorribande e intimo confidente. O come *il Cinese*, altro amico di vecchia data, che dopo trent'anni aveva rincontrato a uno dei suoi concerti e che da quel momento aveva preso sotto la sua ala.

Maurizio, detto *il Cinese* per via degli occhi affilati, era diventato il suo autista, una sorta di jolly fidatissimo che lo accompagnava ovunque e gli faceva da spalla. Accompagnava anche me e mi veniva a riprendere ovunque io andassi. Forse quando cominciai a uscire mi pedinò pure. Qualche presentimento l'ho avuto.

Ma quelli che saltavano all'occhio e verso i quali provavo più interesse erano alcuni personaggi davvero fuori dal comune che sfoggiavano cappelli stravaganti, lunghi basettoni e baffi alla Frank Zappa, barbe incolte e braccialetti che dal polso risalivano fino al gomito, malinconici dello stile hippy. Mio padre amava circondarsi di gente bizzarra: era il suo amuleto contro la noia.

Non chiedeva la carta d'identità a nessuno. Non gli interessava sapere quanti soldi avessero in banca, quanti sogni fossero riusciti a realizzare o quante batoste la vita avesse loro riservato. Per lui erano tutti uguali e amava restare ad ascoltare le loro storie. Le feste del suo compleanno, che noi celebravamo insieme essendo nati tutti e due il 9 febbraio, erano indimenticabili.

Quel giorno io mi sentivo la principessa del castello, era sempre un debutto in quella piccola *società canterina*. La mattina papà mi faceva trovare un mazzo di rose rosse sul tavolo, mi preparavo con cura indossando l'abito più bello e poi assistevo incantata a quel via vai di camerieri e cuochi che allestivano il grande buffet per la sera. Nel primo pomeriggio veniva montato il palco dove si sarebbe esibito con i suoi amici. E ne invitava davvero tanti, sconosciuti e famosi: Bobby Solo non mancava mai, così come Edoardo Vianello. Negli anni si sono succeduti Gianni Morandi, Al Bano, Rosanna Fratello, Patty Pravo, Rita Pavone, Gino Paoli, Mal, Gianni Nazzaro, Dino, Franco Califano, Ferruccio Amendola, Franco Franchi. E poi Red Ronnie, Pippo Baudo, Mara Venier, Mike Bongiorno, Massimo Troisi e Maurizio Costanzo. Persino Sergio Leone venne al casale. Sono certa che ne sto dimenticando tantissimi.

A grande richiesta papà imitava Elvis Presley sfoggiando i pezzi più prestigiosi della sua collezione, i jeans dal taglio impeccabile che acquistava in America e le sue giacche in pelle con le frange. Da buon padrone di casa desiderava che i suoi ospiti si sentissero a proprio agio. E ogni tanto, tra una portata e l'altra e qualche intermezzo musicale, si divertiva a raccontare le vicissitudini della sua vita.

Credo di aver sentito certe storie un milione di volte, ma era sempre bello riascoltarlo e vedere l'effetto che i suoi racconti sortivano sugli altri.

I racconti di papà

Durante quelle cene al casale ascoltavo mio padre presa dai miei pensieri e dai sentimenti contrastanti che provavo per lui: amore e odio, tenerezza e livore. Oggi, però, risento nitide le sue parole, rivedo i suoi occhi scuri e il suo magnetico sorriso mentre racconta agli amici delle sue origini, di come tutto è cominciato.

Negli anni ho assembrato quei pezzettini sconnessi, un aneddoto e un altro ancora e ora mi sembra non solo di conoscerlo meglio, ma di poterlo sempre riascoltare. Basta concentrarmi e chiudere gli occhi. A questo servono i racconti dei genitori e dei nonni, a non perdere le fila della storia, quella della nostra vita. A ricordarci chi siamo anche quando sentiamo di volare via.

Papà andava fiero delle origini musicali della sua famiglia. Nella sua casa c'erano pochi soldi, ma la musica non era mai mancata. Era stata come il pane, come l'aria, per quello credo che, poi, non ne abbia più potuto fare a meno.

Papà, come i suoi fratelli, l'aveva sempre respirata grazie al padre Novino, un fisarmonicista autodidatta che si esibiva nei ristoranti dei Castelli e nelle fiere di paese, e agli zii che coltivavano la stessa passione.

Da ragazzino non sognava di fare il cantante, aveva la passione per i motori e scorrazzava pomeriggio e sera a San Giovanni con gli amici del quartiere, in due sulla stessa motocicletta. La seconda passione erano le ragazze che indubbiamente ricambiavano il suo interesse.

Poi arrivarono quei dischi d'Oltreoceano e la sua vita prese il volo. Nell'estate del 1955 i tre fratelli accompagnarono Novino a Sestri Levante in una delle sue tournée, come le chiamava lui. Partirono con pochi soldi in tasca e con molte speranze, tutti e quattro agghindati da giovanotti. Pure Novino che amava i jeans, la gelatina tra i capelli e soprattutto che lo scambiassero per il fratello maggiore.

Come molti cantanti dell'epoca, Novino sfruttava il lungomare con quell'alta concentrazione di localini all'aperto, ristoranti, pianobar e frotte di turisti. Ogni sera si esibivano spostandosi di bagno in bagno, tenendo concertini a bordo piscina e ovunque vi fosse gente desiderosa di divertirsi. Papà all'epoca suonava, si fa per dire, il bonghetto e le maracas, Enrico la chitarra e Alberto la fisarmonica. Novino interpretava i suoi cavalli di battaglia, canzoni napoletane e pezzi malinconici della sua generazione che inducevano ai lenti e ai primi baci. Tutta roba che papà non amava particolarmente. In quegli anni, mentre la radio mandava a furore di popolo le canzoni di Luciano Tajoli, Claudio Villa, Nilla Pizzi e l'avanguardia di Marino Marini e Renato Carosone, lui impazziva per *Rock around the clock* di Bill Haley, *Be-Bop-A-Lula* di Gene Vincent, *Tutti Frutti* di Little Richard e, soprattutto, per Elvis.

Una sera lui e i fratelli accompagnarono il padre a una serata in un ristorante di Monte Porzio. Novino intratteneva i clienti col solito repertorio quando la guida di una comitiva di americani gli si avvicinò e chiese: «Non conoscete qualche pezzo di rock'n roll?»

Papà disse: «Io sì, li conosco.» Novino gli chiese meravigliato: «E da quando tu canti?» Fu così che improvvisò un paio di canzoni, quelle di Elvis e di Little Richards. Non sapeva una sola parola d'inglese, ma quei suoni, a furia di ascoltarli, gli erano entrati nella testa come una poesia da recitare il giorno di Natale. S'inventò una coreografia fatta di movimenti di bacino, di affondi alla Elvis, si tolse la giacca e si rotolò sul pavimento. Fu un gran successo. Alla fine della serata la guida americana consegnò a Novino una busta con trentamila lire. Il nonno disse ai figli: «Da questo momento dovete fare solo questo.» Il giorno dopo acquistò tre chitarre con tre piccoli amplificatori.

Nel 1957 andarono a suonare alla *Nave* di Fregene. Presentava Mario Riva e le stelle della serata erano i Platters: signore e signori… direttamente dall'America! Fecero qualche pezzo, giusto *Only you*, *My Prayer* e pochi altri. Poi, a metà serata alzarono i tacchi e se ne andarono.

Il pubblico cominciò a fischiare. A Riva venne un'idea, salì sul palco e presentò il *Trio Rock Boys*. Papà e gli zii proposero pezzi di Elvis, *Johnny B. Goode, Tutti Frutti.* Suonarono le canzoni che ascoltavano tutto il giorno col giradischi (allora c'erano i 78 giri) e nel jukebox al baretto sotto casa, ovviamente a modo loro con papà rapito dal fuoco sacro del rock'n roll.

Papà, durante le cene al casale, adorava raccontare anche della sua esperienza in Inghilterra. Tutto partì da un impresario inglese, un certo Jack Good, che nel 1958 assistette a un suo spettacolo al Teatro Smeraldo di Milano in occasione di un Festival del rock'n roll e lo convinse a partire con i suoi fratelli per l'Inghilterra. Papà aveva sedici anni, assunse il nome d'arte di Little Tony in omaggio a Little Richard, e diede vita al gruppo *Little Tony and His Brothers*. Il produttore li fece partecipare a una trasmissione musicale che si rivolgeva a un pubblico giovanile, *Boys Meet Girls*, che negli anni sarebbe diventata una stazione di lancio per promettenti cantanti.

Mio padre e i suoi fratelli dovevano prendere parte solo a quattro puntate come ospiti fissi, ma papà riscosse un enorme successo. In redazione arrivavano centinaia di lettere dalle ragazzine inglesi tutte innamorate di lui. Papà, dal canto suo, non sapeva una sola parola d'inglese e non faceva che sorridere e ripetere «Yes, oh yes» alle battute del conduttore Marty Wild. Non so le volte che glielo ho sentito raccontare da che ero bambina. Si alzava in piedi, sgranava il sorriso: «Sapevo dire solo yes, oooh yes!» E i suoi ospiti giù a ridere.

Fatto sta che ai suoi fratelli non rinnovarono il permesso di soggiorno e dovettero ritornare in Italia, mentre lui venne scritturato per altri due anni. Ogni fine settimana, da Londra prendeva il treno a carbone per Manchester, la città dove andava in onda quel programma che ospitava cantanti del calibro di Paul Anka, Cliff Richards, Gene Vincent e Joe Brown.

Nel 1959 uno degli autori di Elvis scrisse per lui *Too Good*, brano che arrivò nella top 20 inglese. Fece una bella gavetta, lontano da casa, lontano da tutti, in quel movimentato sottobosco musicale antecedente la rivoluzione dei Beatles. Quella fu davvero l'occasione della sua vita, un periodo straordinario che gli permise di tornare in Italia più sicuro del suo talento e della sua faccia tosta.

Tra i suoi racconti non mancava mai quello su Celentano. Si conobbero a Milano nel 1956. I tre fratelli Ciacci si esibivano al Teatro Alcione in una delle tante serate dell'avanspettacolo. Papà era convinto di essere l'unico in Italia a fare il rock'n roll e invece, a fine serata, gli si avvicinò un ragazzo con i sandali. «Sono Adriano Celentano, suono il rock and roll. Mi piace il tuo chitarrista. Sto mettendo su un gruppo, lo vorrei con me.» Papà face la voce grossa e disse: «Quel ragazzo è mio fratello Enrico e resta con me.»

«E tu chi sei?» chiese Adriano. Papà, che non aveva mai studiato canto e non sapeva come usare le corde vocali, a volte a furia di sgolarsi restava senza voce così lo zio Enrico lo sostituiva. Nessuno ancora lo identificava come il cantante del gruppo. Mio padre, un po' risentito, rispose: «Io sono il cantante del Trio Rock boys.»

«Ho appena inciso un disco rock *Tutti frutti*» riprese Adriano, «sono bravissimo.» Certamente era convinto del fatto suo, nessuno avrebbe potuto prevedere il successo che di lì a pochi anni Celentano avrebbe riscosso. Li portò a casa sua, in via Cesare Correnti, ad ascoltare il suo nuovo disco. A mio padre e ai suoi fratelli, abituati a Little Richards e al grande Elvis, non piacque. Adriano non ci restò bene quando non li vide esaltarsi.

Quando rientrò dall'Inghilterra molte cose erano cambiate nel panorama musicale italiano. Modugno impazzava con *Piove, ciao ciao bambina*, Celentano cantava in italiano, Baby Gate stava ottenendo i primi successi come Mina... *Tintarella di luna, tintarella color latte...*

Oltremanica non aveva certamente fatto dei gran soldi ma, vestito alla Marlon Brando e con una voce che si era fatta più calda, sapeva il fatto suo. Avrebbe voluto continuare a cantare in inglese, ma la sua casa discografica, la Durium, gli impose canzoni in italiano. Girovagò di locale in locale e si guadagnò il titolo di "sgomitatore del rock'n roll" fintanto che arrivò la seconda grande occasione della sua vita.

Era il 1961 quando in coppia con Celentano cantò *24.000 baci* al Festival di Sanremo. Dal suo discografico papà seppe che Ezio Radaelli, l'organizzatore del Festival, ci teneva a parlargli. Lo incontrò nel suo ufficio. Radaelli gli disse: «So che sei appena tornato da Londra e so anche che quando canti rotoli per terra e ti strappi i vestiti. Sappi che questa volta a San Remo ci vieni in smoking e non ti muovi dietro al microfono!» Papà era emozionatissimo. Lui a San Remo? Per giunta con Celentano che nel frattempo era diventato famoso con *Il tuo bacio è come un rock* e aveva interpretato se stesso nel film *La dolce vita* di Fellini e in alcuni musicarelli.

A San Remo lui e Adriano ne combinarono di tutti i colori, altro che «Dovete essere impeccabili!» Papà si mosse, eccome! Quanto ad Adriano sconvolse tutti mostrando la schiena al pubblico e muovendosi in quella maniera dinoccolata che veniva bene soltanto a lui e ovviamente al suo maestro, Jerry Lewis. Quella esibizione così fuori dalle regole fece guadagnare a Radaelli un'interpellanza parlamentare. Chi è questo che ha portato due scimmioni al Festival della canzone italiana?

Arrivarono secondi dietro Luciano Tajoli che rappresentava la vecchia guardia con la sua *Al di là*. Ma i personaggi vincenti furono loro e il giorno dopo Little Tony era una star italiana. Tutti i giornali ne parlavano.

Tra gli aneddoti che papà amava raccontare alle sue cene c'era il "tun tun" di *Cuore Matto*, la perla della serata. Andavano a registrare in una piccola casa discografica romana dove spesso, da ogni parte d'Italia, giungevano provini di aspiranti cantanti. Un giorno ne arrivò uno niente male. La musica era di Totò Savio, il chitarrista di Marino Marini, le parole di Armando Ambrosino. Il testo recitava: «... il cuore matto, matto da legare, che crede ancora che tu pensi a me.» Nessuna ambizione, ma facile da memorizzare. Pure la musica non era male, anche se mancava qualcosa: la ritmica.

Zio Alberto in quel momento era in sala d'incisione, il basso a tracolla e la cuffia sulle orecchie, a strimpellare alcuni giri giusto per far passare il tempo in attesa di registrare. La sera prima in tv aveva seguito, col fiato sospeso, l'operazione a cuore aperto di un grande cardiologo ed era rimasto colpito dal suono del cuore che batte. Stava a riprodurlo col basso quando, dalla cabina regia, Willy Brezza gli chiese: «Che stai facendo, Alberto?»

«Niente, sto giocando.»

«Rifallo un po' per favore.»
Lo zio ripeté l'accordo.
«Ancora, però più svelto.»
Eseguì.
«Più svelto, più svelto» incalzò Willy.
Più svelto, ancora più svelto. Alla fine, Willy era entusiasta: «Bene, questa è la ritmica giusta!»
Nessuno, quel giorno, poteva immaginare che proprio quel *tun tun* avrebbe decretato l'assoluto successo di *Cuore Matto*, che sarebbe diventato il suo tratto distintivo. Pure papà era poco convinto, la considerava niente più che un'allegra canzoncina, nessun plausibile confronto con *Riderà* firmata Mogol che aveva venduto oltre un milione di copie.
Ma poco più avanti dovette ricredersi. Era il 25 gennaio del 1967 e aveva appena terminato le prove al casinò di San Remo. Il giorno dopo si sarebbe esibito sul palco della più prestigiosa kermesse canora italiana. (L'edizione che avrebbe visto la morte di Luigi Tenco e la vittoria della coppia Villa-Zanicchi). Papà sedette e sentì una voce dietro di lui: «Hai una canzone che venderà milioni di dischi, è un'idea fantastica!» Si girò, era quella di Domenico Modugno.

Primi batticuori & altre conseguenze

Finalmente papà si decise a farmi uscire da sola. Avevo sedici anni e sarei andata alla mia prima festa, non mi sembrava vero. Solitamente, replicava con un secco *no* alle mie richieste. Che fosse una festicciola di compleanno tra compagni di classe, un film al cinema o una pizza, la risposta era sempre quella. Anche le gite scolastiche erano "vietate". La mamma la pensava diversamente ma io, fino a prova contraria, ero sotto il suo tetto, diceva papà, dunque lui decideva per me.

Era ossessionato dall'idea che gli altri si potessero approfittare di me, la figlia ingenua e inesperta di un personaggio famoso. Che fossero tutti dei malintenzionati, persino che mi potessero rapire. Per non parlare, poi, del suo terrore più grande: la macchina. Un risvolto bizzarro. Proprio lui, patito della velocità e delle auto sportive, cominciava a sudare freddo all'idea che io salissi in macchina con qualcuno che non fosse lui, *il Cinese* o la mamma.

Non era per nulla contento di aver concesso la sua approvazione, ma l'avevo preso per sfinimento. Il suo *e va bene* significava due cose. La prima, che ero cresciuta e che presto mi sarei ribellata non solo verbalmente. La seconda, che lui stava invecchiando. Da quel momento le parti si sarebbero anche potute invertire, io sarei stata la ragazza che esce e torna tardi la sera e lui il padre in ansia che l'aspetta. L'eterno ragazzo col ciuffo non riusciva proprio a vedersi in quei panni.

Mi lasciò andare perché conosceva la festeggiata, una sua corista. Provai parecchi abiti prima di optare per un tubino verde bottiglia. Tacchi alti, capelli, trucco, profumo: curai ogni dettaglio alla perfezione già dal primo pomeriggio. *Il Cinese* mi scortò e mi venne a riprendere: quella era la condizione *sine qua non*. O così o niente. Mai avrei immaginato che quella sera avrei incontrato il mio primo amore.

Angelo era un bel ragazzo, mi colpirono i suoi modi gentili, lo sguardo intenso. Trascorremmo buona parte della serata a chiacchierare. Lui non sapeva chi fossi, glielo rivelai appena mi confessò di essere un musicista e che si esibiva in un locale ai fori imperiali, da *Mario's Pianobar.* Credo che sia stata proprio la mia timidezza a colpirlo. Di ragazze carine ce n'erano parecchie quella sera e tutte più disinibite di me. E pensare che ne avevo vista di gente bizzarra al casale e, fin da bambina, avevo accompagnato papà ai suoi concerti. La musica sparata nelle orecchie, le luci della notte, coriste discinte e musicisti infervorati erano pane quotidiano per me. In qualche modo mi sentivo protetta e infrangibile accanto a lui: ero la figlia di Little Tony, la ragazzina che tutti avevano visto nascere e alla quale si rivolgevano come se non fosse mai cresciuta.

Quello, invece, era il mio debutto ufficiale nella notte. Beh, nella notte. Si fa per dire. Ero una Cenerentola con la clessidra incorporata alle scarpette. Nonostante conoscessi la festeggiata, mi sentivo un po' impacciata ma Angelo seppe mettermi a mio agio, aveva qualche anno più di me e mi sembrava un ragazzo con la testa sulle spalle. Pensai che forse a papà sarebbe piaciuto.

Poco prima che Angelo mi accompagnasse fuori, dove *il Cinese* già aspettava, ci scambiammo i numeri di telefono e lui mi chiese di rincontrarci il sabato successivo. Voleva che lo sentissi suonare. Non ero troppo pratica di queste faccende. Fino a quel momento mi ero invaghita di qualche personaggio dei cartoni animati e di almeno un paio di cantanti: in testa alla lista Joey Tempest degli *Europe* e John Taylor dei *Duran Duran* che mi fissavano dai poster appesi in camera. Mai di un ragazzo in carne e ossa, ma per tutta la notte ripensai al suo sguardo su di me.

Informai papà di quell'incontro, ovviamente volle sapere tutto di lui: che lavoro facesse, che macchina avesse, chi fossero i suoi genitori. Non ero in grado di consegnargli tutte quelle informazioni. Gli diedi il suo numero, che si sentissero tra di loro.

Quel sabato andai a sentirlo suonare sempre accompagnata dal *Cinese* che entrò nel locale e tenne tutto sotto controllo. La sua presenza mi imbarazzava parecchio, avrei preferito andare con un'amica anziché sentirmi gli occhi addosso di una specie di guardia del corpo che avrebbe riferito ogni mia minima mossa al suo boss.

Andai via prima di tutti, ma era già un passo avanti per la *solitaria principessa del castello.*

Mio padre, in previsione di una nostra uscita, non si attardò a chiamare Angelo per accertarsi che le sue intenzioni fossero diverse da quelle che spingevano lui. Era mio padre e io ero sua figlia! Una figlia è diversa dalle altre ragazze. Va protetta. Sempre.

Ma soprattutto papà ci teneva a rivolgergli la domanda che più gli stava a cuore.

Quando Angelo, un ragazzo di diciannove anni innamorato della musica, sentì la voce di Little Tony dall'altro capo del filo, cercò di stemperare l'agitazione.

«Ciao sono il papà di Cristiana, so che dovete uscire insieme.»

«Se lei ce lo permette, certo, mi piacerebbe invitarla.»

«Che macchina hai?» Chiese a bruciapelo.

«Ho una Fiat di mio padre e vado piano.»

Papà tirò un sospiro di sollievo. Si raccomandò e concluse con la solita frase a effetto «Io ho solo questa figlia, mi raccomando!»

Quando Angelo mi venne a prendere per il nostro primo appuntamento, conobbe papà a cui avevo fatto mille raccomandazioni: «Non metterlo a disagio, sii carino con lui.» Insomma, gli feci intendere che ci tenevo molto. Era il mio primo ragazzo.

Angelo e papà si piacquero all'istante. Lo capii senza che ci fosse bisogno di tante parole. Erano entrambi musicisti, anche se uno un mito della musica italiana e l'altro un principiante, ma qualcosa di molto forte li univa. Gli mostrò la sua collezione di vinili, il jukebox personalizzato, le foto con i grandi del rock. Angelo, dopo un primo momento d'imbarazzo, si sentì a proprio agio. Anche quando papà esibì i dischi del suo mito e Angelo dovette ammettere che, sì, conosceva qualcosa di Elvis, ma non così bene. Però, da quel momento avrebbe ascoltato tutto di lui, promesso!

Prima che ce ne andassimo papà sulla porta ripeté quella frase, a metà strada tra avvertimento e intimidazione: «Mi raccomando, Angelo, ho solo questa figlia!»

Cominciammo a frequentarci assiduamente. A lui diedi il primo bacio, con lui feci per la prima volta l'amore, argomento che con papà non affrontai mai, anche perché lui escludeva a priori che potesse succedere: ero troppo piccola, troppo inesperta. Troppo tutto per quelle cose. Mentre alla mamma, alla quale presentai Angelo appena lei tornò da una trasferta di lavoro trascinandola nel locale in cui si esibiva, piacque molto e ci offrì fin da subito ospitalità nella sua mansarda. «Preferisco sapervi qui che in giro chissà dove.»

Papà non seppe mai dei nostri incontri amorosi nella mansarda di mamma, del frigorifero che ci faceva trovare pieno di prelibatezze: antipastini, tartine al salmone, spumante. Neanche che mi accompagnò subito dal ginecologo per farmi prendere la pillola. Quello che per papà erano tabù o argomenti da censurare, per mia madre rappresentavano la più assoluta normalità che andava affrontata senza tanti giri di parole.

A volte capitava che la mamma dormisse sul divano e ci lasciasse la sua stanza. La mattina ci portava il caffè a letto come fosse la cosa più naturale del mondo. Tra lei e Angelo si stabilì fin da subito un rapporto franco e sincero. Lei era fatta così, una persona o le piaceva a pelle oppure niente da fare. Angelo scherzosamente la chiamava "suocera" e la mamma se la rideva di gusto. Giuliana, la rossa controcorrente che detestava le nomenclature parentali e i convenevoli, da lui si lasciava stritolare e canzonare.

Papà cominciò a volere molto bene ad Angelo, a provare un senso di riconoscenza verso di lui. In fondo, da quando era entrato nella nostra famiglia eravamo tutti più sereni. Io, che potevo finalmente uscire la sera e godermi la mia libertà; papà, che con lui al mio fianco si sentiva meno in colpa, e la mamma pure. Angelo diventò il mio migliore amico, il mio punto di riferimento, la spalla su cui piangere, talvolta pure il mio pungiball.

Cominciammo a progettare il nostro futuro insieme tanto che, un giorno, decidemmo di scambiarci le fedi in presenza del prete come pegno del nostro amore. Qualcuno nell'entourage di mio padre cominciò a dire: «Ecco, l'ha messa incinta.»

Angelo si sentì in dovere di chiarirsi con lui, da uomo a uomo: si trattava di un gesto di affetto, un modo carino per avvalorare il nostro sentimento. Io avevo bisogno di continue conferme, di attenzioni e gesti simbolici, e lui lo aveva capito. Ero troppo giovane per pensare al matrimonio e ai figli, ma Angelo vantava un requisito preziosissimo in grado di battere quelli degli altri ipotetici pretendenti: una famiglia affettuosa che mi accolse come la figlia sempre attesa. Nel giro di pochissimo tempo sua madre diventò la mia nuova mamma e suo padre il mio nuovo papà. Si preoccupavano in tutto e per tutto della mia salute, del mio umore, di quanto avessi sofferto in passato e del mio presente che resero più roseo.

Trovai nella loro casa, per quanto umile rispetto alla mia, quell'amore e quella presenza che solo nonna Candida mi aveva sempre dispensato. Gesti semplici, sguardi pieni di comprensione, un piccolo mondo che sentivo finalmente di abitare e non solo di subire.

Mi trasferii praticamente a vivere da Angelo. Dormivo sul divano, mangiavo con loro, facevo i compiti sul tavolo della cucina. Poi la mamma si ammalò e tutto attorno a me precipitò di nuovo. Intorno e, soprattutto, dentro al mio cuore che si crepò inesorabilmente.

La mamma tornò da una vacanza a Bora Bora gialla in volto. Pensammo a un'infezione, nulla di più. Fu il suo medico curante ad accorgersene quando lei si presentò per rinnovare il visto della partenza. Qualcosa non gli tornava, la fece ricoverare. La mamma accettò controvoglia. Le indagini portarono alla luce la sua spietata malattia: tumore al pancreas. Fu un colpo durissimo che la mise ko. Un'offesa alla sua energia vulcanica e alla sua intraprendenza. Mai e poi mai lo avrebbe immaginato. Nessuno di noi lo avrebbe concepito, figuriamoci papà a cui cadde addosso un palazzo.

Da quel momento il ragazzo col ciuffo diventò la sua ombra. Si dedicò interamente a lei, non esisteva altro. L'amore immenso che aveva sempre provato per la sua Giuliana e che non si era mai spento negli anni, nemmeno dopo la separazione e l'orgoglio ferito, né dopo le liti per decidere con chi dovessi stare, tutto quell'amore si moltiplicò all'ennesima potenza.

Papà divenne il suo servitore, Orfeo che tenta di salvare Euridice e scende negli inferi, Romeo pronto a immolarsi per la sua Giulietta. Tutto avrebbe fatto pur di salvarla o anche solo di alleviare la sofferenza di mamma. Smosse mare e monti, la portò dai più grandi luminari, fintanto che la convinsi ad operarsi a Parigi.

Per parecchie settimane la mamma rimase ferma e inamovibile sulle sue posizioni, mi ripeteva che tanto sarebbe stato tutto inutile. Quello che contava per lei era sempre stata, e ancora restava, la qualità della vita, non certamente *la quantità di pessima qualità.*

«Cristiana, lasciatemi stare. Vorrà dire che mi godrò gli ultimi mesi al meglio, ma non voglio sottopormi a nessun intervento.»

La pregai in ogni modo, ricorsi alle buone e alle cattive maniere. Perché non voleva più lottare? Me lo doveva, io lo avrei fatto per lei. Dov'erano finiti la sua fermezza e il suo coraggio? Mi giocai il tutto e per tutto e in occasione della Festa della Mamma le scrissi una lettera molto schietta. Attraverso le lettere avevamo sempre abbattuto muri di silenzio e stipulato nuove intese.

«Non devi mollare proprio adesso, mammina, nulla avrebbe più senso senza di te. Ti prego, proviamo a riprenderci quel tempo prezioso che mi hai sempre promesso. A ogni tua partenza mi ripetevi che, poi, ci saremmo rifatte e avremmo viaggiato insieme. Non ci sarebbe più stata la fretta tra noi, mi dicevi. Se ora ti operi e tutto va bene, non ci lasceremo più.»

La presi per sfinimento e alla fine disse sì.

Partimmo per Parigi: io, la mamma, papà e Angelo. In tutto restammo quattro giorni. Avevo sempre sognato Parigi. Con Angelo ci eravamo ripromessi di concederci, prima o poi, un weekend romantico. Mai avrei immaginato di incontrare la città dei miei sogni con quello strazio dentro al cuore. Fuori c'era la meraviglia e, se anche l'avessi attraversata, non avrei saputo coglierne che un barlume.

Papà era annientato, cercava un appiglio in noi e nelle sue preghiere. Tra i due, il braccio forte, il consigliere puntuale, era sempre stata Giuliana. A chi si sarebbe rivolto d'ora in poi?

Due giorni prima dell'intervento accompagnammo la mamma all'Istituto oncologico perché si sottoponesse a una serie di analisi e di controlli. Risento ancora oggi l'odore di quel luogo, dolciastro e persistente, un nodo aromatico che chiude in gola. Angelo mi spronava a uscire almeno un po'. Perché non approfittare di tutte quelle ore d'incolmabile vuoto?

Faceva il possibile per tenerci su, non potevamo crollare proprio allora. Visitammo Notre Dame, la Tour Eiffel e altri luoghi caratteristici di Parigi, ma non ricordo niente di quei posti. Ero in trance, un automa senza riflessi e senza volontà: il corpo lì, la testa altrove. Arrivò il giorno dell'intervento, andammo da lei la mattina molto presto e cominciò un nuovo calvario. Il tempo si dilatò a dismisura, non scorreva a minuti, ma a piccolissime goccioline, a chiodi, a granelli di sabbia. Milioni, miliardi di granelli di sabbia con cui avremmo dovuto colmare una spiaggia di attesa che ci separava da lei, dal suo respiro ancora vivo dentro il petto e che io in preghiera affidavo alla Madonna. Nella mia testa era tutto un *Ave Maria*, un *ti prego, non è ancora il momento, ti prometto che... lasciamela un altro po'*.

Dieci ore sfinenti. Un silenzio marmoreo rotto dal passaggio di qualche inserviente. Pareti gialline. Sedie di plastica blu. E noi accomodati sui bordi, in bilico. Pedine di un gioco sadico che ci avrebbe potuto far saltare da un momento all'altro. Angelo, ogni tanto, mi sfiorava una mano, tentava di alleggerire la tensione che ci era colata addosso, liquida e appiccicosa come miele.

É vero, le parole talvolta sono inutili, non sai quali scegliere né come dirle. Nemmeno quali vorresti ricevere. Un grande poeta avrebbe dovuto coniarne almeno una da indirizzare a una figlia spaurita e in balia dell'ignoto mentre sua madre rischiava la vita sotto i ferri. E proprio lei, la figlia, l'aveva convinta ad operarsi. Mio padre era imbalsamato, un cartonato senza spessore attaccato alla parete. Ogni tanto gli lanciavo uno sguardo per assicurarmi che non cadesse. Mai come in quelle ore intercettai tutta la sua fragilità frammista a una disperazione che da quel momento gli avrebbe scavato dentro.

Finalmente comparve il Professore. «Ho una notizia buona e una cattiva» disse.

«Cominciamo da quella buona» mi uscì di getto. Non ero pronta per un duro colpo. Nessuno di noi lo era.

«Ho asportato tutto il tumore.» Non ci lasciò nemmeno il tempo per un sospiro di sollievo che proseguì. «Col microscopio abbiamo notato delle micro metastasi al fegato, su quelle non è possibile intervenire.»

E adesso come lo dico alla mamma?

Una notizia buona, mamma. E una… cattiva. Avrebbe voluto conoscere prima quella cattiva. Potevo usare altre parole anziché *microscopio* e *metastasi*?

Sapevo che mi avrebbe fatto sentire in colpa, l'avevo convinta io a sottoporsi a quell'intervento calpestando la sua visione della vita: «Conta la qualità, non la quantità.» Non avrebbe mai vissuto da inferma e nemmeno con una sfilza di limitazioni.

Distesa su un letto con le ruote la mamma venne portata

fuori dalla sala operatoria. Di lei s'intravedeva un braccio, una mano smunta, la forma della gamba sotto il bianco del lenzuolo. Era interamente ricoperta di tubi e cannule.

«Allora?» mi chiese quando si svegliò.

Sapevo che spettava a me, io soltanto le avrei dovuto comunicare il responso. Le parole, le parole. Cercavo quelle giuste, senza trovarle.

Tra le lacrime farfugliai qualcosa, poi il medico fece il resto. Mia madre mi lanciò un'occhiata piena di odio. Non saprei in che altro modo definirlo. Non era rabbia, risentimento, un attimo di sconcerto: era proprio odio. Come non ho più incontrato nello sguardo di nessuno. Ci si innamora una sola volta nella vita, io ci credo, e forse si odia una sola volta con altrettanta intensità. Pensai che mia madre non avesse mai odiato tanto e nessuno come me in quel momento.

«Lo sapevo che non avrei dovuto operarmi, te l'avevo detto, mi hai fatto soltanto prolungare la mia agonia. É colpa tua» disse.

Colpa mia. Un altro senso di colpa da aggiungere alla lista. Ne avevo già così tanti. Ma quello li avrebbe superati tutti. *Il re dei sensi di colpa.* Il grande dittatore che non mi avrebbe più lasciata in pace. Durante la sua malattia non le ero stata molto accanto, mi risultava troppo doloroso vederla sfiorire ogni giorno di più. La sua sofferenza era davvero troppa, traboccava dal corpo come un liquido incandescente. Non ero addestrata a quello, alla sua assenza sì, ma non al suo dolore.

Perché mia madre?

Perché così giovane?

Perché a me?

Perché proprio a lei che non si era mai risparmiata e aveva vissuto a mille, sempre su di giri? A lei che non si era mai accontentata delle sfumature e che aspirava alle tinte più forti, ai colori più accesi.

Anche la sua sofferenza rispecchiava quel temperamento sanguigno e la sfrontatezza con cui era sempre stata protagonista della sua esistenza. Era un dolore acceso. Atroce. Senza condizioni.

Dal 2 gennaio, il giorno della terribile diagnosi, al 5 settembre le vennero concesse ben poche ore di serenità.

Tornammo in Italia come cani bastonati. Io, lei e Angelo decidemmo di trascorrere un'ultima vacanza all'isola d'Elba. I medici impartirono parecchie disposizioni che da quel momento avrebbe dovuto seguire scrupolosamente: «Non faccia questo», «non mangi quello», «non si esponga al sole, la cicatrice…»

«Ma se devo morire che me ne frega se la cicatrice rimane bianca» fu la sua risposta.

Dopo l'isola d'Elba volle farsi accompagnare nella sua multiproprietà a Pugnochiuso sul Gargano. La sera dopo la spiaggia l'accompagnavamo a Vieste per la terapia con la morfina. I dolori certi giorni erano insopportabili, la mamma sudava e boccheggiava come un pesce finito nella rete. E io mi sentivo inutile.

Ad agosto venne ricoverata all'ospedale dell'Aquila per la terapia palliativa del dolore. Proprio lì le fecero la domanda che io non avrei mai voluto sentire. «Giuliana, dove vuole morire?»

L'aquila reale che aveva solcato oceani e nazioni, confini e orizzonti, dove avrebbe esalato il suo ultimo respiro, in quale nido lontano?

«Dimmi tu dove vuoi che ti porti» le chiese papà. «Da tua madre, da tuo fratello, da tua sorella, a casa tua… Via da qua? Dove?»

«Voglio tornare al casale» rispose, «nella dependance dove abbiamo concepito Cris.»

Pensai che papà si accasciasse per l'emozione. Sul suo volto, ormai da mesi contratto in un'espressione di sgomento, spuntò un timido armistizio. Mia madre desiderava ritornare a quel *momento perfetto* in cui io ero stata concepita. Come se volesse chiudere un cerchio, rimettere ordine in quell'esistenza che, ora, non le lasciava più scampo.

Il loro amore era stato messo a dura prova da due temperamenti accesi, due vite parallele che a fatica si erano incontrate. Si erano inseguiti per il mondo per poi riprendere di nuovo il volo. Ma quell'amore non si era mai spento, anche a distanza era rimasto inossidabile.

Una mano invisibile lo aveva solo messo in *stand-by*. La mamma voleva fare ritorno a quella stanza della dependance dove era certa che io avessi detto il mio primo *sì* alla vita.

Noi, intanto, continuavamo con le nostre serate, quel carrozzone musicale non poteva essere fermato e a tutti regalava un paio di ore di sollievo. Quando andavamo da lei volevamo portarle solo colore intenso e sorrisi.

Mi impegnavo a recitare una parte in una commedia che stava diventando un dramma. Una sera, poco prima del suo ultimo ricovero, andai a farle visita alla mansarda. Sul pavimento giallo della cucina trovai un coltello dalla lama affilata. Con la disperazione che tentava d'immobilizzarmi, la cercai in giro per casa, intravidi dalla porta del bagno la vasca piena d'acqua. Lei non c'era.

Mi precipitai in camera sua. Era distesa sul letto, nuda, i capelli bagnati, piangeva come una bimba spaventata.

«É colpa tua» mi disse appena mi vide, «sono arrivata al punto da non avere nemmeno più la forza di ammazzarmi.»

Ci aveva davvero provato?

Nessuno lo potrà mai sapere. Per fortuna non c'era riuscita e aveva riportato solo qualche ferita ai polsi oltre che una grande afflizione.

L'amore ti cambia e il dolore di più

Credo di aver cominciato ad amare mia madre dal momento in cui si è ammalata. L'amavo anche prima, ma senza accorgermene e dandola per scontata. La vedevo così forte, inattaccabile, sempre sicura di quello che faceva, che diceva, dei suoi colpi di testa, pure dei suoi errori. Commessi da lei gli errori diventavano sfide ai pregiudizi piccolo borghesi e ai luoghi comuni in cui tutti galleggiavamo a vista. Una mamma insuperabile e, io, così fragile a confronto.

Con la sua malattia ho visto un'altra donna, *un'altra mamma*. L'aquila reale sempre pronta a ripartire, fiera e sprezzante di ogni pericolo, in un baleno si era trasformata in un uccellino spaurito in cerca di un nido caldo. Avrei fatto di tutto per proteggerla, soprattutto da se stessa. Perché lei era la sua peggior nemica, l'aquila fiera con cui l'uccellino doveva fare i conti. Non se lo perdonava: terminare in quel modo un'esistenza costellata di viaggi in capo al mondo e scelte controcorrente? Ne avrebbe voluti intraprendere ancora altri di viaggi, anche con me.

E chissà quante scelte audaci avrebbe ancora compiuto, di quelle che lasciano gli altri senza parole, come era nel suo stile. Mi sentivo in colpa, ci eravamo scontrate spesso, soprattutto per via della scuola. Quello era il suo tarlo, il suo punto fisso e il mio tallone d'Achille. Ci teneva a che mi diplomassi con dei buoni voti e che, chissà, magari proseguissi gli studi all'università, anche se negli ultimi anni mi ero arenata nelle mie afflizioni e in nuove forme di indolenza.

Non era contenta che io lavorassi nello spettacolo, che facessi tardi la sera e che trascurassi gli studi. Quello avrebbe potuto essere un diversivo, un bel passatempo, non la mia unica prospettiva professionale. Mi ero guadagnata a fatica la concessione di prendere parte agli spettacoli di papà come corista e ballerina, la mamma detestava quell'ambiente e aspirava a qualcosa di diverso per me. *Di molto meglio.*

Fin da quando ero ragazzina l'avevo supplicata per ore al telefono affinché mi accordasse il suo permesso. «Te lo prometto, mamma, studierò di più quando torno dalla serata, molto ma molto di più, ma lasciami andare, ti prego. Ci tengo tantissimo.»

Alla fine la prendevo per sfinimento ma lei, a ogni giro, si augurava che fosse solo un capriccio passeggero. Che, insomma, prima o poi avrei messo la testa a posto.

A undici anni nel corso di una serata a Battipaglia mi presi la polmonite. Vestita in maniera leggera, per tre ore di fila mi scalmanai sotto l'impalcatura dell'americana, luci calde, folate di vento, sudore: un mix esplosivo. A fine spettacolo sentii la fronte calda e i brividi lungo la schiena, ma non dissi nulla, rischiavo di far saltare la mia partenza per Tivoli, la città in cui viveva nonna Candida. L'indomani l'avrei dovuta raggiungere, avevo tanta di quella voglia di stare un po' con lei, fare il pieno del suo affetto che per me era ossigeno. La mattina mi misero in macchina e arrivai dalla nonna febbricitante. Verso sera la temperatura salì e la nonna per tutta la notte non fece che applicare bende umide sulla fronte fintanto che non si vide costretta ad avvertire papà che l'indomani mattina si precipitò con un pediatra.

Quando il medico prospettò un ricovero in ospedale mi sforzai di recitare la parte di quella guarita: presto la mamma sarebbe tornata da una delle sue trasferte di lavoro e allora chi l'avrebbe sentita? Anche in quella occasione l'avevo strapregata di farmi andare, ne ero certa: sarebbe stata l'ultima volta.

Nonostante le mie grida, il pediatra decise di ricoverarmi al Bambino Gesù. La febbre era salita a dismisura, non si poteva rischiare. Due giorni dopo la mamma fece ritorno a casa e non mi trovò. La tata filippina alla domanda «Dov'è Cristiana?» pronunciò una sola parola "polmonite". *Cooosa?* Telefonò a mio padre che le raccontò tutto, mamma si precipitò in ospedale, entrò nella mia stanza e mi mollò due schiaffi. Lezione capita. Da quel momento mi rimase accanto fino a che non mi dimisero.

La scuola. L'istruzione. La cultura. Fino all'ultimo furono i suoi chiodi fissi. Proprio nei giorni in cui le sue condizioni di salute peggiorarono erano in programma gli esami di ammissione per il quinto anno. Ne avevo già perso uno e per lei era stata una grande delusione. Le promisi che mi sarei impegnata al massimo, ma non potevo prevedere che la situazione sarebbe precipitata così in fretta.

Ce l'avrei dovuta fare, non solo per me, non solo per lei, ma anche perché se avessi dimostrato di essere una studentessa in corso avrei potuto ricevere metà della sua reversibilità. Pur con la testa nel pallone e il cuore a pezzi studiai tutte le materie fino alla sera dell'ultima prova.

La mamma era assistita da due infermiere che papà le aveva messo accanto e che, a turni, vegliavano su di lei 24 ore su 24. Ormai era imbottita di morfina e sprofondata in un'anticamera d'ovatta. La sera prima della sua morte la vidi molto sofferente, faticava a respirare, le diedi un bacio sulla fronte dicendole «Ciao mamma, ci vediamo domani.»

Andai a dormire da Angelo. L'indomani mi sarei alzata presto, avrei dato l'ultimo esame e sarei corsa da lei per dirle che tutto era andato bene. Appena me ne andai si aggravò, tremava, sentiva freddo. L'infermiera di turno svegliò papà che provvide a portare molte coperte e poi le rimase accanto fintanto che alle due e mezza esalò l'ultimo respiro. Per lui fu un trauma da cui non si riprese più e io sono certa che in quei momenti di straziante dolore, vissuto nella più ingiustificata solitudine, la malattia che poi l'avrebbe ucciso affondò le sue radici.

Mio padre, ipocondriaco e fatalista al tempo stesso, non è mai stato coraggioso, né con i pericoli esterni né tantomeno con i suoi fantasmi. Immagino che in quelle ore abbia pregato la Madonna del Divino Amore a cui era devoto e pure Padre Pio.

Essere solo, vicino all'amore della sua vita che se ne stava andando, deve essergli risultato insopportabile. Avrei dovuto essere io accanto a lui, io a tenere la mano della mamma e a riconciliarmi con i miei genitori. *Uniti per una volta, nella buona e nella cattiva sorte*. Chissà, forse sarei riuscita a perdonarlo. In quegli attimi d'intensità condivisa ogni nodo si sarebbe sciolto? Non lo potrò mai sapere. Mi è stato negato un diritto fondamentale che nessuno potrà mai restituirmi.

Appena spirò, papà chiamò zio Alberto, il fratello e la sorella di mamma. Non me. Nel giro di poco tempo arrivarono al casale zio Alberto e Lidua che vennero mandati alla mansarda a prendere i suoi vestiti.

Zia Lidua, pensando di fare una cosa giusta, sfilò dall'armadio una giacca blu, una camicia bianca, un paio di pantaloni dal taglio classico. Quando al mattino arrivò la sorella di mamma disse che Giuliana non avrebbe mai scelto questi vestiti, che lei amava i colori, gli abiti bianchi.

Tornò alla mansarda, scelse la combinazione giusta, ritornò al casale, la fece spogliare e rivestire.

A mezzogiorno Angelo mi venne a prendere a scuola. Eravamo in macchina, barricati in un insolito silenzio. Quando passammo accanto al Palazzo di Giustizia mi aggrappai con lo sguardo alle enormi statue degli antichi giuristi e mi soffermai su quella di Cicerone.

«Ti devo dire una cosa. Brutta.»

«No.»

«Tua madre…»

«No.» *Doveva aspettarmi.*

«Cris, tua madre è morta.» Rimasi pietrificata su quei dettagli marmorei.

«Ma quando?»

«Stanotte.»

Stanotte. E io non c'ero. Perché, non mi avevano avvertita? Io dovevo… volevo… la mia mamma…

Avrei desiderato accompagnarla io nel suo ultimo viaggio. Ci sono cose che una figlia deve assolutamente dire alla madre in punto di morte, parole non rimandabili, urgentissime, che sanno ricucire sbraghi, drenare dissapori, accordare vecchie stonature. In punto di morte ogni sillaba pronunciata acquisisce un senso diverso: è un *amen*, un *ti amo*, un *per sempre*, un *mai più*. Perché mi era stata negata questa possibilità?

Non so cosa le avrei detto di preciso, la forza della disperazione mi avrebbe suggerito le parole giuste e lei, in qualche modo, le avrebbe sentite. Forse non con le orecchie, sorde oramai ai rumori della vita terrena, ma attraverso un altro organo che, immagino, in punto di trapasso si affini: una piccola fessura celeste che ci avrebbe tenute per sempre in connessione.

Quale indegno sopruso! Che ignobile violenza! Erano stati imperdonabili. Avevano deciso al posto mio. Come se si morisse più volte nella vita. *Questa volta non ci sarò, ho da fare, vediamo la prossima.*

Nella mezz'ora di macchina che servì per raggiungere il casale sull'Appia antica dal Lungotevere, la rabbia che montò dai piedi fino all'ultimo capello mi diede la forza di reagire alla devastazione. Sapevo che di lì a qualche giorno sarebbe successo e in qualche modo me lo auguravo. La mamma soffriva troppo, ma la sera prima le avevo promesso che ci saremmo riviste presto. L'avevo tradita. Mi avevano tradita. Tutti.

Mentre la terra mi mancava sotto i piedi, la rabbia mi teneva su. Feci mille domande ad Angelo che cercò di raccontarmi tutto e anche di giustificare in qualche modo il comportamento degli zii e di mio padre che intendevano assicurarmi tranquillità in previsione del mio ultimo esame.

Quando arrivai al casale ero avvelenata, un fascio di nervi. Sul piazzale vidi tanta gente, erano tutti lì, parenti e amici, tutti tranne me: sua figlia. L'unica persona che doveva esserci.

Scesi dalla macchina, mi incamminai senza salutare nessuno. Rimasero impietriti, dovevo avere una faccia spaventosa. Solo papà mi si avvicinò e tentò di abbracciarmi, mi scansai, non volevo la sua afflizione, né il suo muto perdono.

Quello sciame di gente, che non guardai nemmeno in faccia, aprì un varco per lasciarmi passare, come se fosse arrivata un'autorità o una furia impazzita. Credo mi vedessero più così. Avevano allestito una camera ardente, la bara disposta sui cavalletti, le candele tutt'attorno, un fascio di rose rosse ai suoi piedi. Entrai senza dire una parola. La rabbia non sempre sfoga, vomita, dirompe. Talvolta chiude, inibisce, censura. Ero ancora in quello stadio. Uscirono tutti e mi lasciarono sola con la mamma.

Era bellissima, diversa da come l'avevo lasciata una ventina di ore prima. I segni della sofferenza si erano dissipati dietro un'apparente serenità. Mi auguravo che non fosse solo apparente, una mia allucinazione, ma che realmente la mamma prima di spirare avesse provato anche solo un attimo di sollievo, che si fosse riappacificata con quella vita che aveva sempre preso di petto.

La pelle liscia, le labbra distese in un accenno di sorriso, attorno agli zigomi la resa dell'agonia le aveva restituito un po' di turgore. Era stata lievemente truccata, un filo di rossetto, una spolverata di fard sulle guance tanto da stemperare il biancore del suo calvario. Le avevano anche sistemato i capelli che ora le ricadevano ai lati del viso, fin sulle spalle.

Mi avvicinai. No, non mi stavo illudendo, sembrava davvero serena, in pace finalmente. Le mani disposte con naturalezza sull'addome parevano di cera, delicate come quelle di una bambola. La giacca bianca le conferiva una luminosità che negli ultimi mesi non le avevo più visto addosso.

Sfilai un bocciolo di rosa dal mazzo che le aveva regalato papà, lo misi in tasca. Sarebbe rimasto sempre con me, tra le pagine dei miei diari dove tante volte l'avrei nominata e coinvolta nelle scelte più difficili della mia vita.

Dal giorno della sua morte, papà incaricò una persona affinché, anche in sua assenza, portasse sulla tomba undici rose rosse. Dal 1992 fino al 2013.

Sia io che lui ci recammo pochissime volte al cimitero. Nessuno di noi la voleva lì, sottoterra, lei che aveva sempre solcato i cieli, infilata nella sua divisa impeccabile. Sono certa che papà l'abbia cercata con insistenza tra i ricordi più belli, nelle loro alcove d'amore in giro per il mondo. Quanto a me, ho sempre voluto ricordarla nella sua ultima vacanza a Bora Bora, in bikini e abbronzata, i capelli fulvi spettinati dal vento.

Quella sera era in programma uno spettacolo nel Lazio. Papà decise di non rimandarlo. «Noi qui non possiamo fare più niente.» Era una festa patronale, mai avrebbe dato forfait all'ultimo momento mettendo in difficoltà organizzatori e amministrazione. Non l'ha mai fatto e non lo fece nemmeno il giorno in cui il suo amore morì.

Decisi di andare anch'io, anche se straziata e confusa. Ricordo di aver presentato lo spettacolo, di aver ballato e cantato. Vedevo tutto in maniera indistinta, figure sfocate tra il pubblico, presenze senza volto accanto a me. Non credo di essere riuscita a sorridere una sola volta per quanto mi sforzassi di spingere in su gli angoli della bocca. Da quel 5 settembre, ogni 5 settembre abbiamo sempre lavorato.

Con la dipartita della mamma tutto sarebbe cambiato in lui, in me. In noi. Non saremmo più stati gli stessi, in qualche modo entrambi eravamo rimasti orfani: io di mia madre, lui del suo più grande amore che avrebbe tentato, invano, non di sostituire ma di offuscare con palliativi e somministrazioni di surrogati d'amore. Ci sono ferite che sono destinate a non rimarginarsi più nonostante le cure.

Dopo il decesso della mamma morii un po' anch'io. Il mio umore precipitò sotto i tacchi. Faticavo a mangiare, a dormire, a mantenere la calma con papà, con Angelo, con me stessa. A mettere a fuoco la vita e a capire cosa ne dovessi fare.

Avevo incubi terribili, mi sentivo in colpa per aver insistito affinché si operasse in quella clinica francese, vedevo i suoi occhi accusatori, mi risvegliavo di soprassalto e mi sentivo annegare in un vuoto incolmabile. Quanto mi mancava la sua voce al telefono, la chiave nella toppa quando ritornava, il suo «Eccomi, sono qui», il suo profumo inconfondibile.

E mi mancava vederla fare ginnastica sul tappetino dello yoga, sentirla canticchiare in bagno mentre si spalmava l'olio sul corpo o trafficava in cucina. Mi mancava e mi sarebbe sempre mancata ogni cosa della mamma: anche le nostre litigate e la sua assenza terrena, il vuoto che sentivo nei mesi in cui non c'era e che poi ricolmava ogni volta che, la valigia piena di doni, risbucava nella mia vita. *Non era giusto*. Avevamo ancora tanti anni da condividere, segreti da rivelarci sottovoce, vicine nel lettone con le ruote. Avrei avuto bisogno di lei, dei suoi consigli, della sua sfrontatezza di donna che non si cura del giudizio altrui. Sarebbe stata una nonna esplosiva, ne sono certa, una nonna divertente e generosa con un mappamondo di racconti da donare ai suoi nipoti.

La musica ci ha salvati

A casa di Angelo mi sentivo al sicuro, protetta da un dolore che al casale si sarebbe amplificato. Non c'era luogo più caldo di quello. Nella sua piccola casa mi sentivo in famiglia e percepivo l'affetto di sua madre che cucinava e cuciva le cose insegnandomi con i piccoli gesti che tutto può essere aggiustato. Sua madre, la sera, mi abbracciava sul divano, mi teneva in caldo il cuore e sussurrava quanto fossi bella e speciale. Al casale cominciai ad andare sempre meno, papà avrebbe voluto che tornassi. Non se ne capacitava «Puoi vivere in un castello e tu che fai, preferisci restare lì a dormire sul divano?»

La relazione tra me e Angelo, a poco a poco, si trasformò: da teneri fidanzati diventammo fratelli, poi amici litigiosi. Angelo trascorreva molto più tempo con papà che non con me. Ore e ore nel nuovo studio di registrazione che stava mettendo su col suo aiuto. Si sentiva in debito per cui lavorava come un matto per potergli restituire fino all'ultima lira.

Misi in vendita la mansarda di mamma, a malincuore. Non sarei mai riuscita ad abitare i suoi spazi senza di lei. Comprai una casa sulla Nomentana in cui andai a vivere con Angelo, nemmeno con papà potevo più restare. Purtroppo, nonostante io e il mio fidanzato avessimo finalmente una casa tutta nostra, non riuscimmo a salvare la nostra relazione. Ormai l'incanto si era spezzato.

Il mio umore era ingestibile e altalenante, a giorni mi facevo paura da sola tanto ero preda dell'angoscia. Angelo, per quanto mi amasse ancora, non sapeva come destreggiarsi, diviso tra due fuochi che bruciavano furiosi. Andavamo d'accordo solo durante i concerti, lui alle tastiere e io in veste di corista e ballerina. Lì ogni acredine si affievoliva. Era così per tutti, soprattutto per papà che, devastato dal dolore per la perdita della sua Giuliana, appena metteva piede sul palco si rinnamorava della vita.

La convivenza tra me e il mio primo amore fu fallimentare. Nel giro di poco mi ritrovai come sempre sola. Sola ad aspettare che qualcuno tornasse e mi dedicasse un po' del suo tempo. Lavorando negli spettacoli serali di papà, di giorno ero spesso libera. Le ore passavano lente e si portavano dietro troppi ricordi e parecchi rimpianti. Saturavo il tempo di occupazioni infruttuose, fantasie e spese inutili. Angelo rincasava tardi, alle due, alle tre di notte, stanchissimo. Spesso mi trovava in lacrime. In quegli anni versai oceani di lacrime come se un rubinetto si fosse allentato e ogni dolore spintonasse per uscire.

Ricorsi alla psicoanalisi, agli ansiolitici, a psicofarmaci di prima e ultima generazione, a tutto ciò che potesse aiutarmi a rientrare in me e a smetterla di piangere. Piangere mi sfiniva, mi prosciugava, mi rendeva ancor più inerme di fronte a me stessa. Vedermi così, uno straccio umido, inibiva ogni processo di guarigione. Tra me e papà il "cessate il fuoco" veniva proclamato solo sul palco, una volta scesi imbracciavamo le armi della diffidenza chiudendoci ognuno nel proprio dolore senza volerlo condividere. Lui era geloso del suo e io del mio. Avevamo amato la stessa persona in due lingue diverse che non riuscivano a comprendersi.

Non m'interessava più nulla, sognavo solo una cosa: dei figli. Niente e nessuno riusciva a darmi un attimo di tregua dal mio strazio. Certo, la musica, le prove per le nuove coreografie con le altre coriste, gli abiti da indossare durante lo spettacolo, la dimensione festosa dei concerti, sapevano alleggerire un po' i miei tormenti, ma poi ci ricadevo dentro. Tanto mi davano, tanto mi toglievano. Mi sentivo punita da tutto.

Che senso aveva la vita? Cominciai a pensare di farla finita. Non sarei stata più un peso per nessuno e la vita non lo sarebbe stato più per me. Non sapevo in che modo l'avrei fatto. Forse come la mamma dentro la vasca da bagno. E poi nemmeno io avrei avuto il coraggio di andare fino in fondo. Quando lo sconforto mi trascinava nel nero più assoluto pensavo a quei figli che mi avrebbero abbracciata, al profumo della loro pelle, all'amore che avrei elargito *a modo mio* senza che nessuno me lo avesse insegnato.

Che madre sarei stata? Da chi avrei preso spunto? Ancora una volta le mie risposte le avrei trovate nelle mancanze, nei vuoti: negli abbracci attesi, nel letto troppo freddo certe notti, nei fratelli immaginari.

Un giorno Angelo, preso per sfinimento dopo una delle mie sfuriate, disse: «Io non farei un figlio con te neanche se scendesse Gesù Cristo sulla terra.»

Mi uccise. Lui l'aveva detto per difendersi, senza dare troppo peso alle parole, come ebbe modo di spiegarmi più avanti, ma per me quell'uscita infelice sortì l'effetto di una pugnalata al cuore. Tutto. Tutto. Tutto mi avrebbe potuto dire: non quello. A me, che avrei potuto salvarmi solo così, in nessun'altra maniera. Nessuna che non fosse tutto l'amore che avevo da elargire. Tanto. Tantissimo. Lo sentivo implodermi dentro e allora mi chiedevo: *si può morire per il troppo amore non donato? Ma dove va a finire?*

Nessuna grandiosa carriera nello spettacolo avrebbe potuto ammansire le mie pene. Nessun viaggio in capo al mondo o nuovo amore. Ero maggiorenne da poco e la vita mi aveva già messo a dura prova parecchie volte. Mi sentivo distrutta, perdevo pezzi, peso, lucidità e voglia di vivere.

Angelo a suo modo aveva ragione. Ero una ragazza svogliata, intorpidita dal disincanto, mi trascinavo nelle ore e nei giorni in cerca di qualche piccolo appagamento, sognavo grandi cose ma poi faticavo a portare a termine anche le commissioni più banali. Ogni progetto che mi balenava nella testa veniva sovvertito in un lampo, vanificato da un desiderio più confortevole in cui potermi esiliare dal mondo. Non vivevo, sopravvivevo, galleggiavo, a giorni boccheggiavo come un pesce ferito.

Non mi interessava più il matrimonio, l'abito bianco che avevo sempre sognato, la chiesa gremita di gente: mia madre non ci sarebbe stata. Volevo solo un frugoletto da stringere tra le braccia, prendermene cura come la nonna Candida faceva con me quando giocavamo a *Marcellino pane e vino*. Sarei stata per lui Frate-carezza, Frate-bagnetto, Frate-ninna-nanna.

No, quella frase Angelo non avrebbe mai dovuto dirla. Lo tradii con un nostro amico. E da quel momento precipitò di nuovo tutto. Quel ragazzo possedeva un dono speciale: sapeva farmi ridere. Nessuno ci riusciva più. E io non ero certamente propensa all'ilarità. Vedevo pochissimi motivi per cui ridere, anche se mi sforzavo di farlo con il nostro pubblico salendo sul palco, muovendomi a tempo vestita di lustrini, cantando dentro il microfono «Con 24.000 baci felici corrono le ore…», «Go, go Johnny go go…», «Dimmi la verità, la verità e forse capirà capirà…»

Un gran sorriso a trentadue denti, mentre i giornalisti mi chiedevano quanto fosse bello lavorare con papà, o durante un servizio fotografico con la band al completo e lui al centro come un dio greco. Se solo riguardo quelle foto oggi mi sento mancare: avevo un baratro dentro, un polipo che mi stringeva il cuore con freddi tentacoli e io facevo di tutto per far spuntare il sole sulla mia faccia. Ma mio padre mi aveva insegnato che lo spettacolo deve andare avanti anche se ci si sente morire dentro.

«La gente ha pagato con la propria fatica per venire ad ascoltarci e trascorrere un paio di ore liete, noi glielo dobbiamo. Anche loro soffrono» mi diceva, «subiscono la morte dei loro cari e qualcuno pure la fame!»

Quelle parole mi avevano forgiata. Su tutto avrei potuto ridire, ma non su quello.

Gli insegnamenti migliori papà me li elargì attraverso la musica e il suo lavoro. Quel padre mi piaceva e lo rispettavo molto più dell'altro, quello che mi portava a casa le sue amichette e ogni tanto se ne innamorava perdutamente.

Dai quattro anni in poi lo accompagnai spesso ai suoi concerti. Tutto quel colore, quel baccano, mi piaceva. Non ci trovavo nulla di strano, mi sentivo a casa tra i musicisti e il suo pubblico. Mamma aquila era sempre in viaggio e lui quando si esibiva vicino a casa mi portava con sé. Io dormivo per quasi tutto il concerto sulle casse degli strumenti, dietro le quinte. Mi svegliavano poco prima di *Cuore Matto*: ecco, finalmente era arrivato il mio momento. Sistemavo l'abitino come avevo visto fare alle coriste di papà lisciandolo con le mani, afferrandone il bordo per stiracchiarlo verso il basso, ostentavo un gran sorriso e cominciavo a distribuire le sue foto in attesa che poi le autografasse. Vedevo un mare di braccia alzate, di mani sventolanti, un mucchio di facce sorridenti che mi chiamavano «qui qui, una anche a me!»

Tutti sorridevano e sembravano felici, perché io non avrei dovuto farlo?

Imparai l'arte del sorriso e anche quella della dissimulazione. Mi riusciva molto bene dietro le quinte della mia vita, non quando ci tornavo dentro a piedi pari. Lì non sapevo fingere, se non mi andava di sorridere non sorridevo. Spesso urlavo, tiravo pugni e prendevo a parolacce lo sventurato di turno.

Sono certa di avere sempre avuto un comune denominatore con mio padre: la musica. Ed è stata lei a salvarci. In più occasioni si è dimostrata la terapia più efficace, il paracadute aperto al momento giusto, il terreno cedevole su cui siamo atterrati.

Le sarò per sempre debitrice e ringrazio quel 3 agosto del 1987 quando, la sera, avremmo dovuto esibirci a una Festa dell'Unità a Faenza, ma la presentatrice si ammalò. Allora, papà chiese: «E ora chi presenta lo spettacolo?»

Scherzando si rivolse a me: «Che Cris, ci vuoi provare tu?» Dissi di no, non mi sentivo all'altezza. Che avrei dovuto dire? Era una cosa nuova per me, ma…

«Va bene lo faccio io» gli dissi. Non ero certa di riuscire nell'impresa, ma ci volevo almeno provare, per lui. Intravidi nel suo volto una certa incredulità, forse avevo corso troppo. Ero timida, troppo per riuscire a parlare dentro un microfono davanti a tanta gente. Mi schiarii la voce, ripassai un paio di frasi a mente e una volta messo piede sul palco tutto venne da sé. Molto più facile di quello che avevo previsto. Papà sentì una voce femminile e convincente che proveniva dal palco, una voce squillante che salutava il pubblico e apriva le danze.

«Ma chi è?» chiese papà.

«É Cristiana» rispose zio Enrico.

Rimase di stucco. *Dove aveva imparato quella ragazzina?* Così come lui da adolescente aveva ascoltato e riascoltato le canzoni americane imparando a memoria le parole, io in quelle lunghe serate avevo ascoltato e riascoltato la presentatrice di turno citare date, titoli di canzoni, aneddoti che riguardavano papà e tutti i suoi successi.

Da allora non sono più scesa dal palco. Ho accompagnato papà in tutte le tournée, anche negli Stati Uniti. Nessun trattamento di favore, mi chiarì fin da subito: avrei fatto la gavetta. *Ma quale figlia di.* Mi sembrava di sentir parlare mia madre. Come in una qualsiasi catena di montaggio, cominciai dal primo step: in piedi, davanti al microfono, a fianco del batterista, dietro tutti i musicisti. Dall'ultima fila mi guadagnai la penultima, finché arrivai dietro a papà e alla fine davanti al pubblico. Mi diceva: «Nessuno dovrà mai dire che sei stata avvantaggiata.»

Aveva ragione. Non ho mai smesso di crederlo, così come sul palco non ho mai cessato di sorridere: su gli angoli della bocca! Mostrare i denti che poi gli occhi si inondano di luce. Il sorriso, una sorta di talismano magico, la nostra mascotte. Sorridere mi teneva agganciata alla terra, mi dava l'illusione che ogni cosa avrebbe potuto risolversi. Ancora oggi lo credo, se sorridi è più probabile che la vita non ti prenda a pugni.

Anche quel ragazzo mi restituì il sorriso. Faceva parte del nostro gruppo di amici, altro motivo a mio sfavore, lo so. Ci siamo frequentati per anni: io, Angelo, lui, la sua compagna e altri musicisti. Non l'avevo mai visto con altri occhi se non con quelli dell'amicizia. C'era Angelo e mi bastava. Ma in quel periodo non sapevo controllare nulla di me, la testa, le emozioni, men che meno il corpo che sottoponevo a digiuni punitivi e autolesionistici.

Una sera, dopo un concerto, successe il fattaccio. Festeggiammo tutti insieme, poi io e lui ci ritrovammo soli. Angelo era andato a dormire. Non so cosa pensai, non ci pensai. Né a me, né ad Angelo, né alle conseguenze. Per me la vita non si basava su un rapporto di causa ed effetto, era una sequenza ingarbugliata di fatti, illusioni e sgambetti di fronte a cui venivamo posti. Io inesorabilmente. La vita era un gran casino e l'unico salvagente a cui potermi aggrappare restava un sorriso.

Quando Angelo lo venne a sapere mi diede uno schiaffo.

Me lo meritavo. Non tentai di giustificarmi, lui aveva ragione. Anche papà venne a sapere di quello schiaffo. Non ci rimase certamente bene, ma lo tenne a suonare con noi. E così fu. Anche dopo che io e Angelo ci lasciammo definitivamente. Lui faceva parte della nostra famiglia, ancor prima che della nostra band.

Fu una lezione importante che mi diede mio padre: il saper andare oltre il proprio ego ferito in nome di qualcosa che vale molto di più. In nome della riconoscenza.

Il vocabolario dell'amore

Sebbene la mia testa non pensasse alla morte imminente, rifletteva sui figli. *I miei figli amatissimi*. Ne avrei voluti tanti. Certamente più di uno: nessun figlio unico. Già provato. Nessuno di loro avrebbe dovuto pregare un fratello immaginario di tenergli compagnia. Più di uno, ma anche più di due. Più di tre...

A ventiquattro anni conobbi Gabriele, un ragazzo carino, molto giovane e inesperto. All'epoca vivevo nella mia nuova casa sulla Nomentana, troppo grande per i miei fantasmi. Insegnavo danza e lavoravo negli spettacoli di papà. Stavo in casa il meno possibile, ogni scusa era buona per mettermi in macchina e uscire, accompagnare un'amica o mia cugina, fare shopping, rifugiarmi dal parrucchiere o dall'estetista. Quella sera c'era una festa rionale al Santuario del Divino Amore, mia cugina mi presentò alcuni suoi amici. Tra di loro notai quel ragazzo.

Avevo fretta di tornare a vivere. Di non pensare al passato. Nel giro di poche settimane ci mettemmo insieme, facemmo l'amore, rimasi incinta. Non avevo bisogno di innamorarmi follemente per decidere con chi e quando avrei dovuto fare il mio primo figlio.

Non lo presentai a papà, non avrebbe capito, non gli sarebbe andato bene (già sentivo le sue parole). Stava ancora studiando, cosa mi avrebbe potuto offrire? Lui per me immaginava un professionista con la testa sulle spalle. Medico, avvocato, architetto: la triade perfetta da cui estrarre il pretendente. Ormai vivevo da sola, avevo la mia routine, le mie pochissime amicizie e i miei tantissimi fantasmi, quelli non mi abbandonavano mai. Se non altro, grazie al lavoro con papà riuscivo a guadagnare bei soldini e a potermi permettere una vita agiata. Nessuna ristrettezza, tutti i bisogni primari e parecchi capricci appagati.

Gabriele non aveva progetti per il presente, figuriamoci per l'imminente futuro. Abituato a farsi organizzare la vita da quella santa donna che era sua madre, dal risveglio alla buona notte. Oltretutto, io avevo ventiquattro anni e lui ventuno. Frequentava l'ultimo anno delle superiori, era stato bocciato almeno un paio di volte e quell'anno avrebbe conseguito la maturità.

Diventò il mio fidanzato e sotto alcuni punti di vista anche mio figlio. Non lo avrei mai ammesso con me stessa, ma con lui mi allenavo alla maternità. Lo portavo a scuola in macchina, tornavo a riprenderlo, lo incitavo a studiare, a riposare le giuste ore. Non desideravo un rapporto stabile e "a vita". Ora che mi ero guadagnata la mia libertà ci tenevo a proteggerla. Guai se qualcuno avesse osato intromettersi tra me e la mia visione della vita! Avevo ben chiaro (così credevo) come e dove andare: inseguivo famelicamente il mio progetto di famiglia. Una comitiva di figli in giro per casa, in ogni stanza il segno della loro invadente presenza: pannolini, pappe e giocattoli, grida, risate e coccole. A nessuno avrei permesso di portarmi via la mia libertà, figuriamoci a un fidanzato che non consideravo un fine, semmai un mezzo con cui raggiungere il mio unico scopo.

Io ero la mia vita. Ero tutta la mia famiglia con qualche pezzettino sparso qua e là che ogni tanto, quando il peso della solitudine diventava insopportabile, andavo a riprendermi.

Un giorno Gabriele mi disse: «Allora, se non stiamo insieme io posso frequentare anche altre ragazze.» Fui presa dal più nero sconforto.

«Non ci pensare proprio, tesoro, ci mettiamo insieme ufficialmente.»

A parole ci fidanzammo *ufficialmente*. Nessun anello, nessuna festa. Lui non aveva soldi da spendere, provvedevo io a tutto. Sebbene non mi fornisse alcuna affidabilità come compagno di vita, e men che meno come padre dei miei figli, avevo bisogno di qualche certezza in un momento in cui avevo perso i miei pochi punti di riferimento e la mia vita stava andando a brandelli come un paio di collant smagliati. Lui era lo smalto sul nylon che, almeno per il momento, impediva che lo sbrago si aprisse del tutto. La sua presenza mi faceva sentire parte di un progetto che stava prendendo forma.

Mio padre da qualche anno si era fidanzato con una ragazza di due anni più giovane di me. La signorina si era infilata nella sua vita. Era stata paziente, più di tutte le altre, quelle che negli anni avevo visto sfilare nel soggiorno del casale e a bordo piscina.

Un giorno mio padre se ne uscì con una frase che mi devastò: «Questa volta mi sono proprio innamorato, l'amo come amavo tua madre.»

No! Tutto avrebbe potuto dirmi, ma non quello!

Dopo la sua morte mia madre era diventata intoccabile per me, la mia dea, l'angelo custode al quale la sera rivelavo le mie pene, il modello a cui d'ora in poi mi sarei ispirata. Ero ancora troppo fragile a suo confronto, ma ce l'avrei messa tutta per non deluderla. Mi interessava più la sua approvazione adesso che non quando era in vita. Avevamo i nostri codici, il nostro linguaggio segreto per metterci in contatto. La notte, sotto le coperte, chiudevo gli occhi, la visualizzavo e lei arrivava: mi ascoltava come non aveva mai fatto. E io ascoltavo lei. Era paziente, calibrata.

Papà non la poteva paragonare all'altra!

Dov'era finito tutto il suo amore, la sua disperazione? L'avevamo portata a Parigi perché si salvasse, le aveva tenuto la mano accompagnandola nel suo ultimo viaggio e chissà cosa le aveva promesso. Certamente non che non si sarebbe più innamorato, ma che mi avrebbe sempre protetta. Non lo stava facendo. Ci stava tradendo entrambe. Quando pronunciò quelle parole, pensai d'impazzire, avrei voluto picchiarlo.

«Ma ti sei bevuto il cervello? Mi fai schifo! Non osare nominare mia madre, mai più!» Gli vomitai addosso molto altro, offese di ogni genere, tutto quello che non gli avevo mai detto in tanti anni. Non ha senso ora ripetere quelle parole, mi uscivano dalla bocca, scollegata dalla testa, con l'impeto di sassate sparate da una fionda. Lui rimase esterrefatto, poi tentò di difendersi e blaterò qualche scusa sull'amore di cui non poteva fare a meno e sulla vita che doveva andare avanti. Ma sapeva che con me era tutto inutile. Lo odiai per parecchio tempo e con tutta me stessa. Disponevo di poca forza, seguitavo a dimagrire, ero intorpidita dagli psicofarmaci, ma la forza per odiarlo la trovavo, ogni giorno, non so nemmeno dove: dentro di me, fuori di me, in ogni sua parola, in tutte quelle che non mi diceva. La vita mi aveva già tradita parecchie volte e ora anche lui lo stava facendo.

Alla signorina dedicava tutto il suo tempo. La portava sempre con sé, in Italia e all'estero, alle feste e in vacanza. Quel poco tempo che era solito riservarmi mi venne sottratto dalla sua presenza. E fu così che io diventai ai suoi occhi un'altra volta invisibile, molto più di quanto non lo fossi stata negli anni passati.

Sembrava essersi rimbecillito, un uomo di quasi sessant'anni completamente stordito dal suo nuovo e giovane amore. Non so quanti soldi arrivò a spendere per quella ragazza. La vestì dalla testa ai piedi, abiti firmati, gioielli, beauty farm, vacanze di lusso, regali costosi, auto, un appartamento. Spesso partivano per lunghe trasferte negli Stati Uniti e mio padre usciva di scena per settimane. Ogni tanto, con la coda tra le gambe, si faceva risentire giusto per chiedere «Tutto bene lì?» Ma ormai aveva smesso di fare anche quelle telefonate lampo per timore delle mie reazioni.

Vero, avevo scelto di rifarmi una vita in maniera autonoma, ma faticavo ad accettare che la signorina e la sua famiglia si fossero trasferiti al casale. Quando andavo mi sentivo un'estranea. «Cosa ti possiamo offrire?» Oppure: «Ora andiamo a chiamare Tony, tu aspetta pure qui.»

Mio padre non ha mai sopportato la solitudine. Credo che abbia assaporato l'illusione di riavere una famiglia tutta sua e una fidanzata che sempre più si guadagnava anche il ruolo di figlia dal momento che quella reale sentiva di averla persa per sempre.

Il casale dove avevo trascorso molti anni della mia vita, momenti sereni e lunghe agonie, era diventato un terreno minato dove mi muovevo con cautela. Diradavo le visite per timore di poterli incontrare, sapevo che ne sarei uscita affranta e ormai non mi imponevo più di mantenere la calma. In nome di… *Di cosa?*

Della pace con lei non mi fregava niente. Niente del loro amore dal momento che escludeva tutta la nostra vita passata, la mia soprattutto. Che inseguisse la sua felicità senza pretendere di poter attingere attestazioni di solidarietà da me.

I giornali intanto facevano illazioni su un loro possibile matrimonio. Non so chi avesse messo in giro certe voci, speravo non fosse stato mio padre. Con me non ne aveva fatto parola, sarebbe stato il colmo se lo avessi saputo dal gossip anziché da lui. Ci parlavamo a monosillabi, poche parole, sempre le stesse. I discorsi vertevano sui nostri spettacoli: le date, la scaletta, le nuove coreografie. Per il resto, mantenevo le distanze, non facevo nemmeno il viaggio in macchina con loro. Salivo sul pulmino insieme agli altri musicisti e in un clima festoso raggiungevamo la nostra destinazione. Durante il tragitto si giocava a carte, si cantava, si sonnecchiava, spesso si viaggiava la notte per arrivare di giorno nella località in cui ci saremmo esibiti.

Mio padre restava inflessibile sulle sue posizioni: quella era la sua vita, la sua fidanzata, il suo prossimo futuro, che mi piacesse o meno! Possibile che non tentasse mai di capire le mie ragioni? Ero davvero così complicata da decifrare? Davvero ero *la figlia di Little Tony?*

Per un momento tornai a produrre i pensieri di quando ero adolescente, a provare la stessa incredulità. Forse sono io quella sbagliata. Possibile che le sue esigenze e quelle della signorina venissero prima di quelle di sua figlia?

Io ero diventata come la sorellastra *Genoveffa* e lei la principessa del castello. Fortuna sua, il piedino si era mostrato della misura giusta al momento giusto: quello era stato il suo lasciapassare.

Un giorno mi presentai al casale, senza avvertire, e successe il patatrac. Ogni angolo era segnato dalla sua presenza, ma su quello, stringendo parecchio i denti e invocando i miei santi protettori, riuscii a sorvolare. Non quando entrai nel salone e laddove c'erano sempre state le foto di mamma trovai le sue. Mia madre era scomparsa: non sorrideva più dalle cornici, non mi allattava col biberon reggendomi tra le braccia, non era a fianco di papà il giorno del loro matrimonio con la sua chioma fulva e cotonata. Via tutto! Al posto suo c'era la signorina. Urlai come credo di non aver mai gridato in tutta la mia vita, la rabbia, il disincanto, lo sconcerto, tutto il livore mandato giù in ventiquattro anni di vita. In 288 mesi di vita, 8.760 giorni di vita, 210.240 ore di vita!

Gridai così tanto che Caterina cercò di calmarmi. «Dove sono finite le foto di mia madre?» le chiesi. Non ne sapeva nulla. Nemmeno il fratello della signorina sapeva darmi spiegazioni, ma si precipitò ad avvertirla al telefono per timore che potesse succedere l'irreparabile. In quel momento lei e mio padre erano fuori, ma io li attesi davanti alla porta come uno sceriffo.

Quando sentii parcheggiare la macchina, la lava incandescente mi travolse del tutto. Prima che potessi affrontarla, spalleggiata dal fratello, lei si rifugiò in camera, fece la valigia in quattro e quattr'otto e se ne andò. Mio padre rimase impietrito davanti al cancello, le braccia alzate come se gli stessi puntando una pistola. «Cosa è successo? Parliamo con calma, Cris.»

«É successo che hai osato togliere le foto di mia madre per quella. Ma non ti vergogni? Lei non è nessuno, come puoi fare un oltraggio simile alla donna che hai sposato e dici di aver amato più della tua stessa vita?»

«Non c'entra nulla quello, io la amerò per sempre, lo sai...»

«Non so più niente, solo che ti sei bevuto il cervello. Non dovevi farlo. Ora le rimetti tutte a posto! E non me ne frega nulla di quella!»

«Ti assicuro che lei non mi ha detto niente, è stata una mia idea quella di toglierle, per non urtare la sua sensibilità. Tua madre è morta, non c'è più.»

«Proprio perché non c'è più lei non dovrebbe averne paura, ma solo rispetto. E pure tu, rispetto! Ma voi non rispettate niente e nessuno. Pensate solo a voi stessi, alle vostre vacanzine del cazzo.»

Discutemmo per diverse ore, come sempre cercò di calmarmi senza tentare di capirmi. Quando, dopo qualche giorno, tornai al casale le foto della mamma erano al loro posto. Non gli parlai per parecchio tempo, cercai di fare la mia vita, quando rimasi incinta avvertii gli zii prima che lui.

Mio padre non sapeva nulla di me e Gabriele, per lui era l'amico con cui ogni tanto andavo a mangiare una pizza. Niente del fatto che vivessi quasi più nella sua famiglia che in casa mia. E non seppe mai nulla di quella sera quando, terminato uno dei nostri concerti, tornai a casa, mi feci una doccia, misi qualcosa in valigia e mi imbarcai per Praga dove Gabriele si trovava con la scuola per la *gita dei Cento giorni* in vista della maturità.

Mi accompagnò una delle nostre coriste, le pagai il viaggio, l'albergo, tutto. Da sola non sarei mai partita, non parlavo inglese, mio padre mi aveva somministrato tante di quelle paure, come se il mondo là fuori fosse disseminato di potenziali sequestratori.

Rimasi a Praga tre giorni con Gabriele e i suoi compagni di classe divertendomi come una maturanda che ha tutta la vita davanti, io che non avevo mai partecipato a nessuna gita scolastica. Ancora non sapevo di essere incinta.

Quando lo scoprii mi sembrò di essere rinata, la vita che tanto mi aveva tolto si stava accorgendo di me. Anche Gabriele ne fu contento, non immaginava cosa fosse crescere un figlio, ma quella notizia ci rallegrò entrambi e decidemmo di avvertire le nostre famiglie. Prima che a papà io pensai a zio Alberto. Gli zii sapevano quanto io desiderassi dei figli, non mi giudicarono, mi abbracciarono solamente. Era tutto ciò di cui avevo bisogno. Nulla mi faceva paura. Per quanto mi sentissi al limite delle forze fisiche e mentali, l'idea di fare delle rinunce per il mio bambino, di trascorrere notti insonni per allattarlo, di portarlo dalla pediatra e di dover pensare a tutto da sola non mi faceva paura. Avevo il mio lavoro, dei soldi da parte, un tetto sopra la testa, gli insegnamenti di nonna Candida tatuati sul cuore. E, a dirla tutta, la mia vita mi faceva schifo, tremavo di rabbia e di dolore in ogni spicchio di corpo. La mattina faticavo ad aprire gli occhi, a trovare un senso.

Eccolo, il mio senso era arrivato!

«Devi dirlo a tuo padre» mi raccomandò zio Alberto che, poi, avrebbe cercato di parlargli e soprattutto di calmarlo. Per certi versi non sembravano nemmeno fratelli, tanto riflessivo e prudente l'uno quanto apprensivo e tumultuoso l'altro.

Sapevo come avrebbe reagito. Andai al casale e, senza tanti giri di parole, glielo dissi.

«Papà, sono incinta.»

Sbiancò: «Stai scherzando, vero?» Mi ritrovai davanti una maschera avvilita, nemmeno gli avessi detto che stavo per morire.

«Non sto affatto scherzando. Aspetto un bambino e ne sono felice.»

«Ma è una tragedia» balbettò, «la tua vita è finita, te ne rendi conto, vero? Questo lo frequenti da quattro mesi e io non so nulla di lui, non conosco i suoi genitori, cosa fanno? Chi sono? Non ti rendi conto della tragedia!»

Lo guardavo dispiaciuta, più per lui che per me. *Tragedia la nascita di un figlio?* Io lo ero stata per lui? Sapevo benissimo quello che stavo facendo, non ero mai stata così sicura di me stessa: tentavo di costruire la mia felicità, ecco cosa stavo facendo, e niente e nessuno come un figlio me l'avrebbero permesso.

Che stupida ero stata a illudermi in un suo abbraccio. Ovviamente, non arrivò. Mi trovai dinanzi un uomo risentito, braccia conserte, testa che fa *no, no*. E voce che ripete: «È proprio una tragedia.»

Forse Gabriele era la persona meno adatta per quel ruolo,

ma non mi spaventava. Ci saremmo lasciati? Probabilmente sì. Nemmeno questo mi intimoriva. Io sarei diventata presto mamma, qualcuno mi avrebbe chiamata così. Era tutto quello di cui avevo bisogno. Avrei cresciuto da sola mio figlio? Ne ero quasi certa e, all'occorrenza, gli avrei fatto anche da padre, da nonna, da nonno, da sorella. Io avevo avuto due *genitori a scadenza*: un paio di giorni al mese e via! Mio figlio mi avrebbe avuta ventiquattro ore su ventiquattro.

Lasciai il casale ancor più convinta della fortuna che mi stava capitando. Ora a me e al padre di mio figlio toccava informare i suoi genitori ma, reduce dall'esperienza con papà, gli dissi: «Io aspetto sulle scale, se solo sento uno strillo me ne vado.»

Mamma Patrizia stava trafficando in cucina. Avevamo comprato un paio di scarpette da neonato. Suo figlio gliele sventolò davanti. Sulle prime non capì, poi disse: «Ma che, veramente? Dov'è Cristiana?» Avevo sentito tutto, entrai in casa, mi lasciai stritolare dal suo abbraccio. Ne avevo così bisogno.

Attendemmo che anche il padre rincasasse dal lavoro, la sua reazione fu quella che noi tutti ci auguravamo: contentezza. Dal primo momento che conobbi quella famiglia mi sentii subito a casa, come era successo qualche anno prima con la famiglia di Angelo.

Fu una gravidanza serena per quanto possibile. Avevo una famiglia a cui tornare, un quasi fidanzato, un figlio che mi cresceva in grembo, un lavoro e uno stipendio sicuro. Proseguii a cantare con la band di papà. Lui non si ravvide, non tentò di venirmi incontro, continuò a mantener fede alla sua posizione di padre afflitto e deluso. Pazienza, gli avrei dato io tutto l'amore del mondo, a mio figlio, anche quello che gli stavano negando nell'attesa che lui arrivasse.

Lo carezzavo ogni minuto, gli parlavo, lo tranquillizzavo, cominciai a impiegare un nuovo repertorio di parole che nessuno aveva mai utilizzato per me, un vocabolario dell'amore che avrei rinnovato con la nascita di tutti gli altri miei figli.

Inventai canzoncine allegre per lui, tenere ninna nanne, gli parlai di nonna Giuliana che era volata fin oltre le nuvole perché era un'aquila reale affamata di avventura e della nonna Candida che se n'era andata da poco, ma che dal cielo avrebbe sempre vegliato su di lui.

Poco prima che il bambino nascesse mio padre e la signorina si concessero un viaggio di parecchie settimane negli Stati Uniti. Inutile dirlo: hotel di lusso, limousine in affitto, casinò, cene nei migliori ristoranti. Tornarono da Las Vegas con cinque valigie cariche di cose: per lei, per lui, stop. Niente per il suo primo nipote che stava per venire al mondo, pazienza per me. Il giorno del battesimo si presentò con un braccialettino d'oro con sopra inciso il suo nome d'arte "Tony". Non Mirko. Nemmeno *nonno*. L'eterno ragazzo col ciuffo non voleva esserlo, un nonno.

La mia prima gravidanza fu gentile. Continuai a lavorare e a ballare come se non ci fosse un domani. Sentivo un'energia dirompente muovermi da dentro. Ora avevo quasi due vite di cui dovermi occupare: quella del mio bambino e la mia (ancora) a metà che sentivo si sarebbe ricompattata con la sua nascita.

Papà diventò molto apprensivo. Superato il primo momento di afflizione e anche quello della rimozione (non-sarò-un-nonno-non-sarò-un-nonno-non-sarò-un-nonno) cominciò a farmi mille raccomandazioni mentre sul palco mi sgolavo e mi muovevo come una forsennata con un pancino ogni mese più a punta. Si raccomandava che non sudassi, che non saltassi troppo, che mangiassi, che dormissi, che prendessi le medicine.

Mirko è cresciuto con le canzoni di papà, a ritmo di rock'n roll. Scesa dal palco, tornata tra le mura domestiche, un malessere interiore mi cadeva addosso come l'anta schiodata di un armadio, tornavo a essere preda di me stessa: la mia peggiore nemica.

Gabriele era poco presente, aveva il suo mondo post-post-adolescenziale a cui restare fedele, ma al momento a me bastava che avesse contribuito a far nascere mio figlio. Come sempre, non fu una passeggiata. Mi sentivo spaccata a metà: da una parte il passato tornava a valanga nel presente, mettendolo in discussione; dall'altra, l'amore infinito per il mio piccolino, che prendeva forma dentro di me, mi restituiva la gioia di vivere.

Partorii alla Clinica Regina Margherita con accanto la mamma di Gabriele che in quel momento significava tantissimo per me, era *la madre* che mi passava il testimone. Nel momento in cui si diventa madri si ha bisogno di sentirsi ancora figlie. Papà era in perenne apprensione. Quando mi veniva a trovare in Clinica l'informazione che, a scadenza di ore, gli consegnavano era sempre la stessa: sua figlia non si dilata. Era il 7 gennaio e il suo primo nipote non ne voleva sapere di venire al mondo.

Dopo uno svenimento clamoroso alla vista del mio lacerante dolore, si ripigliò e presa coscienza di una sorta di concessione da parte del dio del rock'n roll (non poteva trattarsi di una semplice casualità), andò in giro per tutta la clinica a far presente a chiunque incontrasse che il suo primo nipote, maschio per giunta, sarebbe nato lo stesso giorno di Elvis Presley: l'8 gennaio.

Il travaglio fu lungo e doloroso, alla fine optarono per un parto cesareo. Gabriele era felice del suo bambino. Nel momento in cui lo prese in braccio lo vidi ancora più giovane di quanto non fosse e mi tornò in mente il giorno della sua maturità quando, passando per la finestra del bagno, mi consegnò la traccia del tema. Seduta su una panchina dell'Eur lo svolsi, tornai in bagno, gli passai un foglio scritto in un corsivo comprensibile e lui, bello come il sole, lo presentò alla commissione.

Papà, invece, aveva paura a prendere in braccio il suo piccolo Elvis, lo scrutava con una certa diffidenza quasi si potesse rompere con un colpo di ciglia.

Dopo cinque giorni tornai a casa e mi dedicai a Mirko anima e corpo come non avevo mai fatto con nessuno. Amandolo mi sentii finalmente appagata, sazia di amore. Certo, non ero ancora guarita, ma il mio bambino mi fortificava ogni giorno di più e ristabiliva le mie priorità. Le ore che riservavo a lui, aiutata da una tata che gli si affezionò moltissimo, ridimensionarono molti dei miei supplizi.

Mirko agiva su di me come un vento caldo, riassorbiva macchie di umidità e parecchie ammaccature. Le ferite ancora sanguinavano, i vuoti emotivi faticavano a rimarginarsi, ma mi stavo convincendo che ripartendo da lui la mia vita avrebbe proceduto in discesa.

La figura di mio padre mi destabilizzava, se possibile, ancor di più. Mi aspettavo sempre qualcosa da lui, un gesto, una parola comprensiva: non arrivavano mai. Intanto avrei avuto piacere che facesse il nonno, ma solo il suono di quella parola, esattamente come vecchiaia e malattia, lo mettevano sul chi va là. Non faceva parte del suo *bagaglio a mano di parole*, tanto che ebbe una specie di crisi mistica: il ragazzo col ciuffo diventa nonno? Ma quando mai!

Credo che nel suo immaginario il termine 'nonno' lo rimandasse a certe figurine un po' naif a cui per nulla al mondo avrebbe voluto somigliare: il nonno barbuto di Heidi, Geppetto di Pinocchio o un nonno artritico che guarda la televisione con la coperta sulle gambe.

«I miei fan» cominciò a dire, «non mi possono identificare con la figura di un nonno, perderei credibilità. Loro mi vogliono sempre giovane e in perfetta forma.» Ipotizzò persino di diventare padre. «Adesso faccio un figlio anch'io» se ne uscì un giorno in cui pensai di essere precipitata in un nuovo incubo. Padre sì, nonno mai? Fortunatamente rinsavì.

Alla fine, quello che mi auguravo è che potesse voler bene a suo nipote, punto. Che non lo sentisse come una minaccia alla sua idea di eterna giovinezza e che, per una volta, potesse andare oltre il suo ego.

Ma le mie speranze vennero disilluse. Forse, come diceva la dottoressa Palumbo che mi prese sotto le sue calde ali dopo la morte di mamma, avevo allenato il mio occhio a intercettare più le mancanze che le fortune. E ancora alimentavo le mie ansie attraverso aspettative paterne che m'illudevo, una volta riscosse, avrebbero potuto lenire molti conflitti.

Invece, da quel momento in poi avrei dovuto immaginare la mia vita senza di lui. Io al centro di ogni mia scelta. Io l'artefice del mio nuovo percorso. Io la mano che guida e quella che rialza nel caso fossi caduta. Avrei dovuto "costruirmi" una spina dorsale a partire dalle mie scelte: scelta dopo scelta, vertebra dopo vertebra. Non era per niente facile. Non mi sentivo ancora così forte da poter esser la stampella del mio universo interiore.

Mirko diventò la mia unica ragione di vita. L'ossigeno, l'aria fresca, l'acqua pulita, il cuore, la linfa, il sole, le stelle e la speranza. Non volevo riversargli addosso tutte quelle responsabilità, ma credo di averlo fatto. Certo, mi chiedevo come avessi fatto fino a quel momento a vivere senza di lui.

La mattina lavoravo allo Ials, una importante Accademia di danza in cui insegnava anche Leontine Snell di cui ero assistente, e potevo fare affidamento sulla tata e all'occorrenza anche su mamma Patrizia.

Gabriele non c'era quasi mai. La sua famiglia, invece, fu sempre presente.

A dieci mesi dalla nascita di Mirko rimasi incinta di Martina e si ripresentò il problema di comunicarlo a mio padre. A Natale lo dicemmo alla famiglia di Gabriele. Come per la prima volta gioirono. Scottata dalla precedente esperienza, decisi di scrivere una lettera a papà, temevo una sua reazione. Non potevo permettermi di ricadere nel baratro proprio ora che avrei dovuto crescere due figli senza far mancare loro serenità e protezione come mi ero mille volte ripromessa.

Affrontai la questione il 31 dicembre, la sera di San Silvestro. Un anno se ne stava per andare e uno nuovo appena per cominciare: simbolicamente mi sembrava il momento migliore per annunciare una nascita. Ci ritrovammo tutti al casale attorno al grande tavolo. Io, papà, la sua fidanzata, il piccolo Mirko, Gabriele, gli zii e qualche altro amico. Dopo cena, avvicinai mio padre e senza tante spiegazioni gli misi in mano una lettera. Vai in camera tua e leggila.

Lo fece. Peccato che dopo mezz'ora ancora non si decidesse a tornare. Rimasi seduta con gli altri fingendo indifferenza. Chi sorseggiava un digestivo, chi sorbiva un caffè, chi si sforzava di tenere le palpebre sollevate in attesa del brindisi di mezzanotte.

La signorina, non vedendolo ritornare, chiese: «Si può sapere cosa c'è scritto in quella lettera?»

«Che aspetto un figlio» le risposi.

«E tu gli dici una cosa del genere per lettera?»

A lei non doveva interessare il come e il quando avessi deciso di parlare a mio padre. Evitai di farglielo notare. Non per educazione, ma solo per rispetto verso gli zii e il mio piccolo Mirko a cui mi ero ripromessa di far respirare soltanto energie positive.

Io soltanto conoscevo l'entità di quella lettera, l'avevo scritta e riscritta parecchie volte prima di essere più che convinta dell'ultima versione. Lo accusavo di essersi comportato molto male con il mio primo figlio, che in quell'occasione avrei voluto solo un abbraccio da parte sua e, invece, mi aveva riversato addosso angoscia e delusione. Per nessuna ragione al mondo avrei ancora sopportato una simile reazione. La nascita di un figlio era motivo di immensa gioia. Che non parlasse più di tragedia. Che non usasse più quella parola!

Senza tante storie, me ne sarei andata e questa volta per sempre. *Sono incinta, aspetto il mio secondo figlio*, scrissi in stampatello tra tante frasi in corsivo.

Due sono le cose: se non sei contento resta lì dove sei. Se, invece, sei contento scendi, ma non dire niente, voglio solo un tuo abbraccio.

La signorina non vedendolo tornare salì di sopra. Gabriele temeva una brutta reazione da parte di quel quasi-suocero da cui non si era mai sentito accettato. Dopo qualche minuto tornarono insieme. Mio padre era pallido come un cencio, non aveva l'aria di chi sta gustando una bella notizia.

Si avvicinò e mi abbracciò freddamente. Meglio che niente, pensai. Col mio terzo figlio avrebbe finalmente gioito?

Mamma Patrizia si ammalò e Gabriele infragilì ancora di più, un vaso di vetro che tutti maneggiavano come se si potesse rompere da un momento all'altro. Sua madre era anche un po' la mia e la sua malattia mi riportò inevitabilmente a quella della mamma. Sarei riuscita a sopportare un altro dolore così devastante? Se devo identificare un momento preciso dell'inizio della mia malattia, il momento in cui cominciò a manifestarsi in maniera evidente, con i suoi sintomi subdoli e le sue pretese di farsi ascoltare (non certamente quando si annidò in me) devo ritornare a quel maggio del 2001.

La mia anoressia entrò in scena come un attore drammatico fiero e risoluto, ma le prove generali le stava facendo già da tempo, in sordina. Avevo ventisette anni, sfiancata, disillusa e inquieta al punto giusto. La mia bimba aveva appena compiuto otto mesi, un frugoletto che dipendeva in tutto e per tutto da me. Lasciai suo padre e fu durissimo. Avevo sognato la famiglia del *Mulino Bianco* pur sapendo quanto Gabriele fosse lontanissimo dal ruolo di padre.

Mamma Patrizia fece appena in tempo a festeggiare la nipotina organizzando il rinfresco per il battesimo e cucinando per un'intera giornata, seppur ormai priva di forze. Quello era il suo modo di dirci addio. Le rimasi accanto fino al suo ultimo respiro, come con mia madre non potei fare: il cerchio si stava chiudendo e questo medicava una ferita che non si era mai sanata.

Nessuno mi impedì di vegliarla giorno e notte, di attendere l'esito dell'intervento seduta in sala d'attesa, il mio pancione in bella vista e lei sul letto della sala operatoria intontita dall'anestesia.

Le infermiere pensavano che fossi la figlia. In qualche modo lo ero. Ma soltanto io e Patrizia lo sapevamo. Ci eravamo scelte, i nostri rispettivi bisogni affettivi si erano incastrati alla perfezione come tessere di un mosaico. Questa volta niente e nessuno m'impedì di accompagnarla fino alla Porta del Cielo. La vita, per la seconda volta, consegnandomi un fidanzato mi aveva donato una madre. Non era un mistero, non lo era per me almeno: avevo più bisogno di madri che non di fidanzati.

Nessun membro della sua famiglia, in primis Gabriele, ebbe l'imprudenza di sostituirsi alla Santa Crocerossina che, nel frattempo, era diventata più forte. La morte addestra alla vita e a questo giro non mi spaventava più così tanto.

La mia vera mamma e lei, che io avevo adottato, non avevano avuto modo di incontrarsi su questa Terra, immaginavo che in cielo si sarebbero riconosciute e scelte tra tanti. Cosa si sarebbero inventate per trascorrere il tempo? La mamma avrebbe condotto Patrizia a scoprire ogni anfratto di cielo, isole, cascate, atolli dispersi in quell'oceano di pace. E avrebbero vegliato su tutti noi, granellini terreni, che senza di loro ci stavamo inesorabilmente perdendo.

Spesso avevo sorpreso Patrizia a parlare con la gigantografia della mamma appesa alla parete in soggiorno. «Si può sapere che vi state dicendo voi due?» le chiedevo. «Niente, sono cose nostre» rispondeva.

La dottoressa Palumbo, di cui mi innamorai durante una puntata del *Maurizio Costanzo Show*, diventò il mio faro, il mio punto fermo. Come dissi a mio padre «Se qualcuno mi deve aiutare, voglio che sia lei». Quando andavo da lei mi sentivo in un luogo protetto, disseminato di reti di protezione. Era l'unico luogo dove non avrei potuto ammaccarmi ancora. Distesa sul lettino vomitavo la mia vita con tutta la foga che avevo in corpo, quintalate di veleno, di malessere alla trielina che aveva corroso il mio stomaco e ogni pensiero che abitavo. Litrate e litrate di sgomento e tanta di quella amarezza da poterci dipingere la muraglia cinese.

A volte mi usciva una voce diversa dalla mia. Chi stava parlando? Sgusciava a fiotti da una caverna di rimbombi che mi dimorava in petto, passava per la gola e si faceva più stridula: un vetro infranto. A volte mi sentivo come una posseduta al cospetto del suo esorcista. In effetti, chiedevo alla dottoressa di mondarmi l'anima, di restituirmi alla vita senza colpe.

Avevo fiducia in lei, era l'unica sulla faccia della terra che non mi avrebbe giudicata. Per questo le consegnavo indizi e prove inconfutabili della mia infanzia infelice, di un'adolescenza solitaria, degli ultimi anni di vita inondati dalla rabbia e da un profondo senso di inadeguatezza. Tutto affinché lei potesse scovare il colpevole. Io lo cercavo, lo volevo a tutti i costi il colpevole. Il boia che mi aveva ferita e ridotta in questo stato. Quando si affrontava il discorso di madre, padre, genitori, mi sentivo in fibrillazione.

Sì! Loro! Loro! Loro! Eccoli i colpevoli da punire. Provavo un piacere sinistro nell'appurare quanto loro avessero tradito i miei bisogni primari, dall'allattamento all'accudimento, anteponendo sempre i propri.

Mia madre cessava di essere la venere perfetta per vestire i panni della strega cattiva. Eccentrica, distratta, assente ed egoista, concentrata solo sulla carriera e sulle sue ossessioni, me compresa che venivo curata a distanza e solo materialmente. Certo, si accertava che mangiassi la carne, la verdura, che prendessi le medicine, che studiassi la storia e la geografia e dimenticava totalmente la mia anima.

Mio padre, invece, l'eterno Peter Pan che al posto di una figlia come me avrebbe voluto una bambolina sorridente con cui scattare fotografie da mostrare agli amici, un'assistente tutta lusinghe e lustrini. Loro non erano stati dei bravi genitori e io non ero stata la figlia modello che avrebbero desiderato. *Il loro modello di figlia.*

Con la malattia stavo punendo me stessa, avevo scelto il mio corpo come capro espiatorio: un corpo-bersaglio su cui combattere la mia battaglia e che io volevo sempre più magro, etereo, leggero e inconsistente. Che mi potesse far volar via, se mai mi fosse risultato impossibile restare.

Ma il vero nemico risiedeva nella mia mente, in certi circuiti perversi che io e la dottoressa scandagliavamo insieme e in un altro luogo che cominciammo a nominare sempre più spesso: l'anima. Fino a quel momento, il momento della mia malattia, avevo pensato all'anima come a qualcosa di invisibile, in bilico tra l'inesistenza, il mito e la religione.

E invece, l'anoressia me la stava mostrando concretamente col suo volto emaciato e il corpo ferito. La mia anima riuscivo persino ad avvertirla, una lacerazione bruciante all'altezza dello stomaco, una bocca aperta in un grido di dolore, in cerca di latte caldo. Di appartenenza. Di comprensione. Doleva, friggeva, la mia anima, si attorcigliava, e io potevo sentirla mentre si dimenava e cercava un appiglio a cui potersi aggrappare, qualcosa da cui succhiare nutrimento. Io le offrivo il vuoto. L'abisso. Il precipizio. La morte. Insieme io e lei ci saremmo dissolte e... pluf: in un attimo tutto sarebbe finito.

Poteva esserci una forma di controllo più grandioso dell'eternità? Decidere come e quando avrei terminato la mia vita, per una volta a modo mio, senza l'interferenza dei grandi saggi (i miei genitori) che sciorinavano la loro verità e poi si rimettevano in viaggio, affamati di successo e io affamata di loro. Che nessuno dicesse più la sua! Io e soltanto io, d'ora in poi, sarei stata la mia guida.

Io sono la cuoca che impasta il mio corpo con acqua e due dita di farina. La scultrice che col suo scalpello lo definisce fino a giungere all'assenza. Il giardiniere che estirpa le erbacce. La danzatrice che lo renderà magnetico.

Chilo dopo chilo, centimetro dopo centimetro, sbattevo in faccia a mio padre la sua caterva di errori imperdonabili. Senza aprire bocca gli gridavo: «Un padre con una figlia deve fare il padre. Per la pop star c'è il palco. Una figlia vuole solo un abbraccio la sera. Un come stai?»

Lui, che prima non mi aveva vista e che ora notava solo la mia imbarazzante magrezza, si vergognava di me. Ero felice che provasse sdegno per le mie ossa 'vista giorno' e che io, ovviamente, non perdevo occasione di sfoggiare. Di più, di sbattergli in faccia. Guarda lo scheletro che mi hai fatto diventare! Che i sensi di colpa ti divorino.

Lui mi feriva ripetendo di non avermi mai fatto mancare nulla. «Più di così cosa ti potevo dare, Cris?»

Le cose materiali. A quelle faceva riferimento. Vero, avevo avuto molto più di quello che sarebbe servito: vestiti e scarpe e vacanze al mare e soldi in banca e carte di credito. Ero una privilegiata, mi diceva facendo la voce grossa, e avrei dovuto baciarmi i gomiti a confronto di molti ragazzi della mia età cresciuti tra gli stenti. Quelle erano le sue carte vincenti, ma solo per la sua superba coscienza, non certamente per me.

Le sue parole erano boomerang che io rispedivo al mittente con brutalità. Sarei morta piuttosto che accontentarmi delle sue scuse, dei suoi assi vincenti. Ma la verità è che non potevo morire, per quanto lo avessi sognato e immaginato mille volte, ora c'era un motivo concreto a fermarmi: i miei due figli. Sebbene il padre non fosse il compagno giusto e io lo avessi sempre saputo, nonostante avessi previsto che prima o poi la nostra relazione si sarebbe arenata, quando lo lasciai soffrii terribilmente. L'anima ferita ricevette un altro duro colpo.

Non avrei potuto agire diversamente, tra noi non c'era più nulla di costruttivo, né comprensione né desiderio di stare insieme. Gabriele fuggiva, io lo accusavo di non esserci, ma non facevo nulla per farlo restare. Era l'ennesimo fallimento.

Ricominciai a piangere e a disperarmi, a fare la vittima con me stessa, a pretendere scuse da chiunque. Se non altro, cercavo di non farlo in presenza dei miei bambini. Quando l'*uomo nero* sopraggiungeva li affidavo alla tata che correva in aiuto. Era la loro tata, ma un po' anche la mia. Dove c'era da poppare affetto e calore, che fosse la tata dei miei figli, zia Lidua, zio Alberto, la mia estetista, un fidanzato o sua madre io c'ero sempre. Mai sazia.

Alla tata dei miei figli mi affezionai molto. Avevo il terrore che ci potesse lasciare per cui la trattavo come una principessa con concessioni che andavano ben oltre un semplice rapporto di lavoro. Non volevo che i miei bambini provassero lo stesso sgomento che avevo sperimentato io per anni e che rimbalzassero da una tata all'altra per ricominciare ogni volta da capo.

E, invece, qualcosa nella trama della sceneggiatura si stava riproponendo, come se la mia vita attuale si stesse cinicamente rispecchiando in quella precedente. Un'esistenza circolare dove tutto è destinato a tornare. Le tate si moltiplicarono, mese dopo mese. Fatta eccezione per le prime due che furono egregie, per il resto fu una gimcana di ragazze sprovvedute.

La seconda gravidanza mi lasciò in eredità qualche chilo di troppo. Ero ancora magra, non sono mai stata una gran mangiona e ho sempre praticato molto sport, a periodi in maniera molto intensa, ma la frequentazione col mondo della danza, in un ambiente disseminato di specchi e di ballerine al limite dell'anoressia, distorse la mia capacità di valutazione. Mi guardavo senza riuscire a vedermi. *Chi ero?* Quelle gambe grosse erano davvero le mie? Io ero quelle gambe grosse?

Chi mi guardava dallo specchio? I miei occhi o quelli di un mostro che abitava in me?

E io, chi vedevo realmente? Una persona che non c'era mai stata? Dove mi ero persa? Chi mi sarebbe venuto a cercare? Ma, io, volevo veramente farmi trovare?

Volevo esistere?

Se nemmeno mamma e papà si erano presi cura di me, forse, è perché non mi avevano mai visto veramente. Dunque ero invisibile?

La mia psicologa parlava spesso di "identità" come qualcosa di necessario per potersi riconoscere come individuo. Ma io ce l'avevo un'identità? La consapevolezza di me stessa. *Quale me stessa?* Quando lei parlava di identità mi giravo attorno spaesata sebbene sapessi che avrei dovuto guardarmi dentro. Ma certi giorni faceva troppo male.

Il mio corpo era diventato il palcoscenico dei miei malesseri profondi, gli attori si accalcavano per recitare la loro parte e gridavano sulla scena senza alcuna censura, prima o poi qualcuno li avrebbe ascoltati. Ce n'erano davvero tanti di quegli attori, ognuno col proprio linguaggio confuso da dover decifrare.

La notte, poi, recitavano tutti insieme, rubandosi la scena, un kolossal di sintomi violenti e a me sembrava d'impazzire. La testa mi diventava un incendio, il corpo una foglia secca. Non mi piego. Non mi piego. Non mi piego. Non. Non. Non. Ma sentivo spezzarmi dentro. E il mio *di dentro* era un bosco oscuro, un labirinto di specchi deformanti che avrei voluto ridurre in mille pezzi.

Se gli altri non perdevano occasione di dirmi quanto fossi magra e io, invece, mi vedevo grassa e brutta cosa voleva dire? A chi avrei dovuto credere? Chi stava mentendo? Gli altri, evidente. Io ero l'unica persona di cui mi potessi fidare.

Lo specchio e il piatto

Mangia.

Non mangiare.

Hai mangiato troppo. Sei stata cattiva. Domani, digiuno! Guarda quanta roba hai messo dentro al piatto! Ma ti sei vista allo specchio?

Per un periodo gli specchi e il piatto furono la mia fissazione. Mi erano necessari. Lo specchio in cui cercavo la mia identità introvabile. Il piatto, la grande bocca affamata da stipare di nutrimento che poi regolarmente sezionavo, accantonavo, buttavo. Nessun cibo era mai all'altezza della mia fame insanabile. Nessun amore. Persino nessun figlio. Quanti ne avrei dovuti far nascere? Possibile che il mio utero fosse a tal punto disperato?

Lo specchio e il piatto. Amici e nemici. Mi sembrava di avere il controllo di tutto. Del mio corpo che vivisezionavo allo specchio come uno scienziato con il Dna: volto, collo, seno, addome, glutei, gambe e caviglie. Poi ricompattavo le informazioni visive in un'immagine distorta. E, infatti, ne uscivo sempre sconfitta: *non sono quella che vorrei essere.*

E mi sembrava di avere il controllo del cibo: questo sì, questo no. Via quello. Meglio questo. Mi allatto. Mi cullo. E ora mi punisco. Quando non faccio la brava solo acqua e purghe. Dissenteria e vomito.

In una seconda fase cominciai ad evitare gli specchi e quel poco di cibo che ancora mi concedevo. Diventarono i nuovi boia incappucciati da cui dovermi nascondere. Ma anche dentro di me dimorava un boia spietato. Ogni tanto si sfilava il cappuccio, mi fissava algido negli occhi e mi convinceva che io fossi più forte di tutti, che la soluzione già ce l'avevo e risiedeva nell'*immagine perfetta*: il prototipo di bellezza femminile a cui avrei voluto somigliare e che, con molto impegno e determinazione, sarei stata in grado di raggiungere. Avevo solo bisogno di scadenze precise, di controlli persecutori sulla bilancia e dentro a jeans sempre più attillati, di mete magnifiche a cui aspirare. Quei corpi filiformi, emaciati, da cui mi vedevo attorniata a lezione, tutto uno spigolo, un osso vibrante e appuntito… Ecco, la mia magnifica meta da raggiungere.

La clavicola che disegna un'ala perfetta, elegante come un geroglifico, che quando ci passi sopra le dita la senti affilata come la lama di un coltello. Il nodo dei polsi sempre più sottili. L'osso dell'anca che sbuca furente dai jeans a vita bassissima; quello del ginocchio, un ricciolo che adoravo scrutare, allora indossavo dei tacchi altissimi, e lui guizzava fuori dalla gamba come la corona sulla testa di una regina.

Bellezza ossuta e sopraffina, quella diventò per me il sinonimo di identità. Ecco, mi dicevo infervorata, dove risiede questa benedetta identità! E io, costasse quel che costasse, me la sarei andata a prendere.

Per costituzione ero sempre stata snella, ma avevo gambe tornite e muscolose considerate perfette nel mondo là fuori, troppo corpulente per quello della danza classica. Nella mia testa, poi, erano zampe di elefante. Se solo avessi avuto uno scalpello…

Entrai in un labirinto di ansia, rabbia, frustrazione e insoddisfazione perenne. In un labirinto di *Ma perché?* Avevo due figli bellissimi e in salute che amavo come più non avrei potuto amare. Li avevo desiderati ed erano arrivati subito, senza inciampi. Cosa mi mancava? Faticavo a dormire. Uno psichiatra da cui andai per disperazione, illudendomi di affrettare la mia guarigione, m'imbottì di ansiolitici. La mattina, esausta, stentavo a riaprire gli occhi e a rimettermi in moto; mi sforzavo di farlo, lo dovevo a Mirko e Martina. Quei due nomi erano le mie paroline magiche, li pronunciavo e per un attimo la campitura nera si animava di coriandoli colorati.

«Devi essere osso, muscolo e pelle» mi diceva un'insegnante della scuola di danza scrutandomi come un sarto.

«Il fatto è che sei troppo pesante per le prese» mi ripeteva a fine lezione.

Quel monito diventò il mio mantra e all'uscita dalla scuola lo ripetevo a me stessa in uno sfinente ritornello ed evitavo d'imbattermi nella mia figura riflessa in qualche vetrina.

Avrei dovuto rimediare. *Troppo pesante eh? Ci penso io, ora, a tenerti a bada, bello mio. Dove credi di scappare? Non avrai altro maestro al di fuori di me.*

Una mattina aprii a fatica gli occhi e mi dissi: «Ora mi rimetto in forma per l'estate.»

Mi sembrava un'ottima idea. Tutto era sotto controllo e aveva un senso anche in previsione delle serate che ci attendevano per la stagione estiva. Provai a entrare in qualche abito di scena, tubini attillati taglia 40, la cerniera si arrestava a metà schiena: orrore! Stabilii da sola cosa avrei dovuto mangiare e cosa no. La mia dieta diventò monotematica, poche cose in piccole quantità. Pranzo: insalata, una mozzarella e mais, mezza rosetta. Cena: gelato. Molte purghe, quelle non potevano mancare.

Le porzioni si ridussero drasticamente di mese in mese. Niente più insalata, solo mezza mozzarella e il mais, niente pane. E stop anche al gelato la sera, ma acqua e purghe. In alternativa: tritato di carote e sedano con succo di limone. Arrivai nel giro di qualche mese a pesare 47 chili. L'acqua diventò la mia migliore alleata, ne assumevo quantità eccessive fino a sentirmi piena, gonfia da non poterne più.

Bevevo fino a farmi venire il vomito, ma cosa avrei vomitato se non acqua e succhi gastrici? La bottiglia era onnipresente, accanto al letto, in ogni angolo della casa, dentro la mia borsa, nello zaino della palestra. Acqua, acqua, acqua per mondare le colpe e saturare ogni vuoto.

Quarantacinque chili, quale magnifico traguardo! Ancora un po' e ci siamo!

Declinavo gli inviti con qualche scusa banale. Quando mi sottraevo agli incontri sociali riuscivo a gestire al meglio la mia escalation verso la magrezza più assoluta. Mi controllavo ogni giorno, più volte al giorno: vita, fianchi, cosce. Ecco, le cosce erano il mio chiodo fisso, mi vedevo davanti agli occhi le gambe affusolate delle ballerine, un lungo osso ricoperto di pelle: le sgolosavo come una bambina davanti alla vetrina di una pasticceria. Mi sottoposi a estenuanti sedute di ginnastica, massaggi, trattamenti anticellulite, anti tutto. Scaricai sulla ciccia invisibile la collera di un'intera esistenza. Prendermela col mio corpo, anziché con i fantasmi o con un padre che tanto aveva sempre i suoi jolly da giocare, garantiva nell'immediato molta più soddisfazione. Purtroppo, le mie ossessioni non avevano posa, ogni mattina venivano alimentate dall'incontro con le allieve e le insegnanti della scuola di danza.

Creature divine e irraggiungibili! Loro erano la quintessenza della bellezza, della felicità e io il brutto anatroccolo con le cosciotte da assottigliare. Una volta a casa mi concentravo sui miei bambini e sul cibo: quello che non dovevo mangiare, quello da pesare, centellinare, sottrarre alla mia vista, buttare. Più nessun ristorante e cena di famiglia. Quando non potevo sottrarmi alla pizza del sabato sera per due giorni non toccavo cibo. Facevo il pieno di vuoto. Solo acqua. I miei pensieri erano sempre quelli, non ne uscivo, mi giravano torbidi nella mente inceppandosi sempre nello stesso punto. Cibo. Figli. Figli. Cibo. Spesso il cibo veniva prima di loro, era la priorità assoluta che obliterava tutte le altre. E, allora, aumentavano i sensi di colpa.

In maniera spasmodica controllavo tutto quello che mettevo dentro al piatto, dentro al mio corpo, non riuscivo a controllare più nulla della mia vita emotiva.

Ogni cosa mi scivolava di mano, mentre il cibo restava saldamente nella mia vita: era lì, non mi deludeva, lo vedevo, lo annusavo, lo acciuffavo con veemenza. Tagli decisi, brutali, la lama del coltello ben affilata. Il cibo mi sfidava, mi faceva venire l'acquolina in bocca e mi metteva continuamente alla prova, sondava la mia resistenza come nessun amore. Ma quanto mi sentivo viva in quei momenti!

Così forte, invincibile e padrona del mio corpo che avrei scolpito a immagine e somiglianza del mio modello di perfezione.

Una volta raggiunto l'obiettivo nessuno mi avrebbe più fermata. Se fossi riuscita ad avere gambe magrissime, un girovita da adolescente, delle braccia ossute al punto giusto, sarei stata orgogliosa di me, della mia nuova identità. L'avrei avuta anch'io, finalmente, come tutte le persone che sanno essere felici: un'identità.

La vita mi stava chiedendo di costruirne una tutta nuova con cui rimettermi in gioco; era necessario che partissi da un punto zero, dalla radice, dalle ossa, quelle ossa che cercavo ossessivamente nel mio corpo e in quello delle altre donne provando un'invidia feroce quando la *loro ossuta identità* era molto più evidente della mia. Molto più sensuale.

La verità è che stavo molto male, terribilmente male. Fuori e dentro. Faticavo a sentire un "di dentro" e non sapevo mettere a fuoco il mio "là fuori". Ma gli attori sintomi, oggi posso dire per fortuna, non mi diedero tregua, mai un solo giorno: ambivano a farsi ascoltare dal loro regista (la mia coscienza). Quella fu la mia salvezza. E così misero in scena i loro effetti speciali: ipotensione e svenimenti, nausee, feroci mal di testa, occlusioni alla gola, oppressioni al petto, tremori agli arti, brividi di freddo, gelo nelle mani, amenorrea, sbalzi ormonali. La notte, in preda a crisi nervose, mi tiravo su dal letto e giravo per casa come una sonnambula impazzita in cerca di una tregua.

La mattina esausta mi dicevo: «È tutto sotto controllo.» Fare progetti per l'immediato futuro mi aiutava a gestire l'ansia. Affittai per l'estate una casa al Circeo in cui mi trasferii con i bambini e la tata. In quel periodo m'innamorai del batterista di papà, un tipo taciturno. Ovviamente, aveva bisogno di me: io sarei stata il suo miglior progetto. Quella, insieme alla ricerca della mia *ossuta identità*, diventò la mia nuova missione.

Allora non me ne rendevo ancora conto, ma la psicoterapia fece emergere parecchie dinamiche che inconsapevolmente azionavo: con il cercare relazioni complicate mi sottraevo alla ricerca della mia vera identità. Mettevo in campo lo spirito della crocerossina che accresceva la mia bassissima autostima. Quegli uomini erano i miei bambolotti da aggiustare, imboccare, accudire. I miei orfanelli da sfamare.

Mimmo non era un adone, ma mi piaceva da morire. Un fisico asciutto, tutto un nervo, e delle meravigliose fossette sulle guance. Presi una cotta adolescenziale per lui che poi si trasformò in amore. In quello che pensavo fosse amore. Ma c'era uno specchietto per allodole che, più di tutto il resto, ci fece avvicinare: eravamo entrambi superstiti da mondi anaffettivi che non ci avevano saputo proteggere. Senza dircelo diventammo i cerotti l'uno dell'altro, la cura seppur sbagliata. Ma tentammo di leccarci le ferite, di consolare le nostre comuni solitudini.

Mimmo era un talento della batteria, viveva per la sua musica e io ne subivo il fascino tanto da restarne incantata mentre lo guardavo battere con forza sui piatti che cedevano sotto la sua irruenza: braccia forti, muscoli guizzanti, una coordinazione di arti che richiedeva prestanza fisica e molta concentrazione. Quando suonava, Mimmo dava il meglio di sé. Il suo mondo era circoscritto alla batteria e a qualche amico musicista. Non esisteva altro, ma io volevo a tutti i costi farne parte. Diventarne il fulcro.

Nella lista delle sue priorità, volevo precedere la sua batteria senza la quale, peraltro, non lo avrei amato così tanto. L'equazione era perfetta: Mimmo stava alla sua batteria come io stavo alla danza. Eravamo corpi in frenetico movimento. Corpi tesi in cerca di un breve attimo di felicità.

Il suo bisogno di fuggire soddisfaceva il mio bisogno di volerlo riacciuffare, a ogni costo. E la sua cedevolezza era un magnete per la mia ossessione compulsiva al controllo. Restava solo un punto da limare, una resistenza con cui Mimmo pareva volermi sfidare, ma io l'avrei manipolato a dovere (figlio-padre-figlio-padre-figlio-padre = felicità) e fatto capitolare.

Per quanto tra noi ci fosse una forte attrazione fisica, Mimmo faticava a mostrarmi il suo interesse. Provava pudore nel prendermi per mano, nell'abbracciarmi, figuriamoci in presenza di altri. Gli insegnai a non temere il contatto fisico: non sottrae nulla, non indebolisce, gli dicevo, semmai rafforza e arricchisce. Io ero dipendente dal contatto fisico, lo avevo sempre cercato, lo cercavo ancora, ne ero stata bulimica. Ne ero bulimica. I miei figli li stringevo per ore, li soffocavo di baci e di parole dolci, li annusavo come si fa tra cani, se solo avessi potuto li avrei mangiati.

Mimmo diventò una delle mie pedine da muovere all'occorrenza, a seconda dei miei bisogni impellenti. *Ci vediamo.*

Stringimi. Non te ne andare. Ora t'insegno un nuovo modo di toccarmi. No, non ci vediamo, ho da fare. Quando ci rivedremo tu arriverai da me verso le dieci di sera, i bambini saranno in camera con la tata e io ti preparerò una cena al volo, leggerissima, un'insalata che mangerai seduto a terra sul tavolino basso e io ti guarderò come si guardano gli angeli. Dormirai da me, alle sette in punto sguscerai di nuovo via dalla mia vita.

Mimmo non era un gran mangione, per lui il cibo non aveva importanza, una fortuna senza eguali; a differenza degli altri non mi faceva notare la mia magrezza (era attratto dalla mia nuova identità) e non mi ossessionava con il cibo.

Ci eravamo scelti a pelle, noi due. A ossa. Mimmo non si trasferì mai a vivere a casa mia, era un piccione viaggiatore nella mia vita convulsa e io da lui non cercavo certamente la figura di un compagno tradizionale, ma solo una presenza calda e affidabile a cui fare ritorno. Un nuovo pensiero per interrompere il circuito malato delle mie ossessioni.

Dopo due anni di ammaestramenti, Mimmo imparò l'arte dell'abbraccio e non ebbe più soggezione nel tenermi per mano in pubblico. Ero soddisfatta del mio operato e del risultato raggiunto. Convivevo con la mia anoressia, avevamo ancora bisogno l'una dell'altra, ci tenevamo in vita a vicenda. Lei mi controllava come una madre premurosa e talvolta intransigente, passava due dita sotto l'elastico della gonna e gioiva quando ce ne stavano tre, quattro: significava che avevo perso una taglia.

Mamma-anoressia consultava la bilancia come un oracolo salendoci sopra lentamente, una equilibrista sul filo invisibile, teneva sotto controllo la quantità di carote, i fili alla Julienne, i tocchetti di sedano, persino il succo del limone. E ogni sera tastava fianchi e cosce. *Hmm ancora un po'*, diceva. Io e la mamma-anoressia eravamo diventate inseparabili. Un rapporto esclusivo e totalizzante, il nostro, come non ne avevo mai avuti. Ma quel rapporto alimentato da continui ricatti mi sfiniva, in certi periodi mi risucchiava le poche energie rimaste tanto che a metà giornata mi sentivo già uno straccio, così dovevo demandare la cura dei bambini alla tata.

Per portare avanti la grande missione dovevo avvalermi di parecchi strumenti che affinavo via via: il controllo ossessivo, il digiuno, la dissimulazione e la menzogna.

Non ero mai abbastanza magra, più mi illudevo di essermi avvicinata all'icona perfetta, più lei indietreggiava e allora dovevo stringere la rete del controllo, eliminare ancora qualcosa dal piatto, torturare la mia attuale vittima con qualche nuova richiesta. Qualcosa cominciò a scalpitare dentro di me, la lancetta si stava avvicinando allo scoccare della 'mia mezzanotte'.

Mimmo, no, non voleva figli. Me l'aveva detto fin dal primo giorno, ma le cose avrebbero potuto cambiare, sentivo che a piccoli passi ce l'avrei condotto. Si sarebbe a tal punto innamorato di me da non poter rischiare di perdermi privandomi del mio desiderio più grande.

Mentivo spesso e più o meno su tutto. Continuavo a dimagrire, ma non per questo mi sentivo più appagata, non ero ancora abbastanza magra, non ero stata brava a sufficienza, così mi punivo inghiottendo nuove purghe, inducendomi il vomito anche a stomaco vuoto. Da me stessa, dagli altri, da mio padre, da chiunque mi chiedesse delucidazioni sul mio dimagrimento mi difendevo con una caterva di scuse e bugie. L'antidoto a tutto.

Diventai anche un'abile manipolatrice, nulla mi eccitava più della certezza di avere le persone tra le mani, di portarle a pensare i miei stessi pensieri, a credere in quello in cui credevo io. Sapevo recitare più parti e tutte mi riuscivano piuttosto bene: la vittima, la bimba ferita, la mamma sfinita e lamentosa, poi quella apprensiva, la professionista entusiasta, la fidanzata affranta e delusa, la fidanzata passionale, la dottoressa di sé stessa, l'ammaliatrice sexy, la figlia incazzata, la figlia che sa per un nanosecondo metterci una pietra sopra ma poi esplode, punisce e scredita.

Passavo da un colore all'altro con la celerità di un giocoliere, da una risata a una crisi di pianto, da una sensazione di momentaneo appagamento a un vuoto planetario.

Nonostante i chili persi, gli psicofarmaci, i sonniferi, in certi momenti mi sentivo la forza fisica di un gladiatore; non sarei mai andata a dormire, la notte mi metteva paura, volevo la luce, il sole, il caldo, i rumori. Proseguii ad esibirmi negli spettacoli di papà, ma lui si dimostrò intollerante verso la mia eccessiva magrezza. Che facessi una dieta seria, non di testa mia. Perché il problema per lui era quello, la dieta sbagliata e le mie stupide ossessioni. Pensare che ero madre di due bambini!

«Avessi una malattia seria, Cris» mi diceva indisponente, «un tumore, un problema al cuore.» Ingrata che non ero altro!

Quella roba, si chiamasse come si chiamasse, così come era venuta se ne sarebbe andata. Bastava volerlo. Per l'ennesima volta mio padre non mi capì. Anzi, tentò di farmi sentire in colpa. Ma in quella fase ancora attiva e cruenta della malattia, i sensi di colpa sortivano su di me l'effetto opposto, mi spronavano a proseguire nella mia missione. A fargliela pagare.

Prima di ogni spettacolo papà si raccomandava: «Copriti le braccia, sono troppo magre e brutte, non mettere gonne troppo corte. Poi mi chiedono che cos'ha tua figlia.»

Non sempre gli davo ascolto, solo quel tanto da evitare che mi impedisse di lavorare con lui. Ma ci tenevo, eccome, a esibire la mia esuberante magrezza; significava che ce la stavo facendo, che finalmente avevo preso tra le mani il controllo della mia esistenza. Ero potente e presto sarei riuscita a gestire anche il nostro rapporto, mi sarei trasformata in una figlia saggia che sa sempre come comportarsi. Gli avrei finalmente dimostrato che avrei potuto essere una figlia anche più leggera, una viaggiatrice del mondo.

Ma dovevo assolutamente proseguire nella mia escalation verso la perfezione. *Leggera nel corpo e nella mente. Leggera nell'anima.* Avevo investito così tante energie in questa missione che, per nulla al mondo, mi sarei arresa.

Continuavo con la psicoterapia, mi interessava scardinare vecchie serrature, scoprire chi si nascondesse nei miei scantinati bui, dare un nome ai miei aguzzini. Ma al di là di quello ero certa di avere in mano la mia bacchetta magica. Che si dessero il loro gran da fare tutti quei professionisti della mente, tanto sarei stata io a decidere quando e se smettere. A me toccava l'ultima parola. La vita è la mia. La vita è la mia. Ne faccio quello che voglio. Quello che voglio. Voglio. Voglio. Voglio. *Ma cosa voglio?*

Dopo la dottoressa Palumbo, che mi aiutò a sopravvivere al dolore e a essere più consapevole dei miei disagi e del modo attraverso cui il mio corpo li drammatizzava, toccò ad altri specialisti. Ma io conservavo sempre la convinzione di essere più forte di loro. Molto più forte dei medici, della scienza, di Freud e dei suoi geniali nipotini. Più forte del male oscuro, pure della fame di amore che seguitava a divorarmi da dentro e che, ero certa, avrei ammansito con la nascita di un terzo figlio.

Quando mi sentivo a brandelli richiamavo alla mente la mia immagine idealizzata. Magrezza-magrezza-magrezza del mio reame e pluf! Arrivava lei: *Cristiana, Miss magrezza, Miss felicità*. Mi sembrava di guadagnare terreno e di riprendere il cammino. Ero diventava abilissima a manipolare immagini, pensieri, emozioni. Le mie soprattutto, ma quando riuscivo a farlo con quelle degli altri mi sentivo onnipotente.

Non era difficile dissimulare, anzi mi riusciva piuttosto bene in un momento della mia vita in cui non sapevo vivere con naturalezza nessun rapporto. Mi imponevo di percepire tenerezza quando sentivo nascermi dentro una rabbia furiosa, facevo la vocina suadente quando volevo ottenere qualcosa o astenermi dal farla. Possedevo una collezione infinita di maschere da infilare e sfilare all'occorrenza e diverse intonazioni della voce, coreografie del corpo, sorrisi, pianti improvvisi che potevano trasformarsi in minacce o in preghiere.

Mimmo diventò tutto il mio pubblico, la mia vittima prescelta e il mio personal emotivo. Con lui mi tenevo in allenamento, anche quando non c'era e programmavo un nostro prossimo incontro. Nel momento in cui non ne poteva più di me, Mimmo chiedeva esilio alla sua batteria. Nemmeno a dirlo, era arrivato al momento giusto e aveva saputo movimentare il mio substrato emotivo con le sue paure recondite che si fondevano perfettamente con le mie.

Mimmo, che volevo proteggere dal suo mondo interiore, diventò il mio nuovo bersaglio. Specie quando mi fece intendere che no, per nessuna ragione al mondo avrebbe voluto un figlio. Lui stava bene così.

Scagliai contro di lui tutta la mia frustrazione, pure il mio sadismo. E, proprio in quel frangente, scoprii di poter essere molto sadica, oltre che un'eccelsa autolesionista.

Risarcimento emotivo

La mia fame era insaziabile, fosse esistito un farmaco capace di ammansirla, avrei pagato oro pur di averlo. Fame di attenzione. Di sguardi accorti. Di calore. Sbavavo dietro a quelle famiglie in apparenza perfette che vedevo in certe serie tv o sui giornali di attualità. Radunate in giardino o attorno a una tavola ben apparecchiata: un incrocio di braccia che stringono, mani che si cercano e sorrisi. Grappoli di sorrisi. Festoni di sorrisi. Allora mi chiedevo perché attorno a me non si sorridesse più.

Più fame avevo di parole affettuose, di piccoli gesti e più tentavo di controllare tutto quello che potevo: il mio corpo, le mie cosce, i fianchi, il cibo che mettevo nel piatto, quello che buttavo, la bilancia, il frigorifero, le bottiglie di acqua che bevevo ogni giorno e la sensazione di uno stomaco pieno, sul punto di esplodere, che per qualche momento sedava la mia ansia.

Mentre stringevo la griglia delle mie stupide regole sognavo di essere al centro della vita di qualcuno, la sua ragione di vita. Che mi portassero rose rosse e scrivessero versi d'amore per me, che le stelle dal cielo si mettessero a intonare il mio nome. Cristiana, la Principessa dell'Amore. Della fame perenne.

In certi momenti mi rendevo conto di quanto fossi fragile e precaria. Un colapasta arrugginito, una farfalla dall'ala spezzata: ma chi diavolo avrebbe potuto fidarsi di una come me? Io no. E invece sì! Dovevo fidarmi. A furia di fidarmi di me stessa la mia identità sarebbe sbocciata come un fiore nel deserto. E io volevo dimostrare a tutti che meglio di me non ci fosse nessuno in giro. Che io sarei stata in grado di rendere felice chiunque mi passasse accanto, così come sarei stata capace di risorgere dal buio.

Avevo anche fame di un'amicizia sincera che poi, comunque, non avrei saputo gestire essendo una matricola inesperta in fatto di relazioni. Di tutte quelle che non contemplassero rapporti di totale dipendenza, ricatto emotivo e sensi di colpa. Quelli li ingurgitavo al posto del pane.

Sentivo che dovevo re-imparare un linguaggio relazionale, dalla A alla Z. Come mantenere un'amicizia. In che momenti chiamare un'amica. Cosa dirle. Che fare con lei. Fin dove spingermi nelle pretese. Cosa darle in cambio della sua presenza. Come chiederle scusa nel caso si fosse litigato. Quel poco su cui avevo sempre fatto affidamento non mi poteva bastare, era scarno, approssimativo. Come per la danza serviva una tecnica, molto impegno e allenamento. Ma ballare per me è sempre stato più semplice e naturale che instaurare rapporti solidi e duraturi.

Cosa dovevo possedere per potermi meritare un'amica vera? Possibile vedessi nelle altre donne solo nemiche o presunte rivali?

Dai dieci anni fino alla morte della mamma avevo avuto un'amica del cuore, Raffaella. Con lei avevo condiviso giochi, confidenze, vacanze e storie fantastiche. Spesso durante le vacanze estive veniva con me nella multiproprietà della mamma a Pugnochiuso, sul Gargano. Tra di noi si era instaurato un legame viscerale. Dicevamo di essere sorelle, volevo che anche lei chiamasse mia madre "mamma" tanto che al villaggio tutti credevano che lo fosse davvero.

Io e Raffaella inventavamo storie di fantasia nelle quali ci immergevamo totalmente per tutta la durata della nostra vacanza. Io mi chiamavo Vik come la protagonista del *Tempo delle mele* e lei Lorella, come la sua ballerina preferita. Imbastivamo a parole le nostre vite intessendo fili colorati di famiglie immaginarie, comitive di figli, vacanze bellissime: un intero patrimonio emotivo da condividere.

Dopo la morte della mamma ci distaccammo un po', pur volendoci ancora molto bene. Ognuna ha preso inevitabilmente la sua strada ed è stata assorbita dai bisogni della propria famiglia.

Per il resto è sempre stato complicato per me stringere amicizie, sia con le ragazze che con i ragazzi. Ero sprovvista di qualsiasi ispirazione, fuori allenamento. Con i miei coetanei tutti i passaggi mi erano stati negati da mio padre. Fino al mio fidanzamento con Angelo non mi era mai stato concesso di andare a un cinema o a mangiare una pizza con qualche amico, nemmeno in gita scolastica. Figuriamo, uscire la sera!

La principessa Cristiana murata viva nel grande casale sull'Appia Antica per timore che potesse essere rapita. E anche in famiglia non avevo avuto grandi esempi da cui trarre ispirazione. In quelli che mio padre considerava "i suoi amici" io avevo sempre e soltanto intravisto adulatori. Lo stordivano di complimenti di cui andava ghiotto. Quelli che gli stavano accanto solo per affetto si contavano su due, tre dita di una mano.

Se anche avessi voluto non era certamente quello il momento migliore per tentare di fare nuove amicizie, ero troppo confusa, diffidavo di tutti, senza eccezioni. Eppure, bramavo la presenza di un'amica fedele a cui confidare le mie pene, con cui condividere un aperitivo o un weekend spensierato. Non c'era, come non c'era una madre pronta a rimproverarmi nel caso esagerassi: «Dai facciamo un viaggio insieme, lascia a casa i tuoi fantasmi per una volta!»

Sopravvivevo trascinandomi a bordo di un paio di zavorre. Ma una certezza ce l'avevo: dimagrendo ancora, ancora di più, mi sarei alleggerita: cosce e pensieri, che poi erano diventati la stessa cosa. Se fossi scesa sotto i 45 chili, poi, tutto sarebbe venuto da sé.

Quando faticavo a vivere, a prendermi cura dei miei bambini, a sostenere la più banale delle occupazioni, quando mi detestavo con tutta me stessa, aumentavo la dose di sonniferi. Più ne prendevo, meno mi consolavano. Per me non c'era la giusta dose in niente, ero compulsiva in tutto, eccessiva nella disperazione e negli impeti di ilarità, nella dieta e nei sensi di colpa con cui la alimentavo. Eccessiva nell'amore per i miei figli e nel desiderio di una nuova maternità, come se loro non potessero bastarmi. Ne volevo di più di quell'affetto, altri figli, altro amore da prendere e donare. Voi diventerete grandi e poi io… come farò? Ed ero compulsiva anche nello shopping.

In quegli anni acquistai caterve di abiti e prodotti di bellezza, profumi, rossetti, smalti, creme per sostenere ogni pezzo di corpo, ciglia finte, prodotti per i capelli, piastre, phon, ogni diavoleria possibile che arricciasse, lisciasse, ondulasse, lucidasse, mi facesse una testa diversa da quella che avevo. E scarpe. Tantissime scarpe. Non so nemmeno io quante scarpe abbia comprato. Alcune oggi hanno ancora la suola immacolata. Carrie Bradshaw di *Sex and the city* era una principiante a confronto. Ma dovevo acciuffare l'acciuffabile, fare man bassa di oggetti consolatori, saturare ogni desiderio passeggero, ogni vuoto. E la moltitudine di voglie passeggere si moltiplicava a ogni mio piccolo o grande fallimento. Quando finì la mia storia con Mimmo, pur con degli strascichi di mesi, mi sentii di nuovo spezzata.

Mi ero prodigata in una missione impossibile, avevo perso tempo, mi ero illusa che mi avrebbe dato un altro figlio.

Saremmo stati così felici insieme, io, lui, il nostro bambino. E i miei bambini. Una famiglia allargata di quelle che non conoscono solitudini. Dopo quell'ennesima delusione peggiorai, m'imbruttii dentro. Diventai una sanguisuga impenitente, sempre pronta a risucchiare energie e a snervare chiunque, mettevo alla prova tutti, indistintamente. Tutti ai miei piedi e io pronta a calpestarli con le mie affilatissime pretese: tacchi quindici di sadico cinismo con cui distribuire le mie punizioni.

Avrei bacchettato le dita di tutti, di mio padre in primis, ma non solo. Le dita delle tate, tac tac tac! Di chi lavorava con me, di mio zio Enrico che voleva sempre fare di testa sua pur di mettersi in mostra, dei parenti di mamma che si erano volatilizzati, delle protagoniste dei film che vedevo in tv, della gente che incontravo per la strada, delle donne più magre di me e ovviamente di quelle grasse verso le quali provavo un senso di repulsione che faticavo a mascherare.

Ma come potete ridurvi così? Non sarete mai felici. Dimagrite. Subito, prima che sia troppo tardi! Se solo mi avessero dato retta, se si fossero fatte aiutare da me, le avrei salvate. Tutte, quelle ciccione. *Ma chi potrà mai amarvi ridotte in quello stato?*

In quel vortice di rabbia che si era riaccesa e non riuscivo più a dissimulare, me la presi con mio padre, come mai prima di allora. Ma senza accusarlo o criticarlo apertamente come avevo fatto durante gli anni post-adolescenziali quando mi ribellavo alle sue imposizioni. Lo vidi come il mio «risarcitore ufficiale.»

Da lui mi feci regalare tante di quelle cose da sentirmi sazia. Tutto ciò che volevo. Che pensavo. *Voglio quello e tu me lo dai.* Avevamo accumulato parecchi conti in sospeso, noi due. Negli anni, papà, dal giorno della mia nascita, aveva contratto una moltitudine di debiti nei miei riguardi e io pretendevo di essere risarcita.

La rabbia confonde materia e spirito, convince che l'indennizzo emotivo debba necessariamente passare per quello materiale. Pretesi arredi di pregio, armadi costosissimi fatti su misura da artigiani che sfinivo con assurde richieste. Mille ante scorrevoli e mensole, cassetti, sportelli che potessero contenere tutti i miei ciucciotti: le carezze mancate, gli abbracci attesi, le ninna nanne mai cantate, i compleanni mai festeggiati. Che potessero ospitare abiti firmati, esclusivi. Abiti sexy, abiti lunghi e raffinati. Abiti per le grandi occasioni. Per i nostri spettacoli. Per il mare, la montagna, lo sport. Il tempo libero. Il tempo perso. Abiti per tutti i gusti, per tutte le Cristiane ferite. Per quelle incazzate da spolverare di rosa cipria. E quelle immalinconite da illuminare con balze e paillettes. Per le Cristiane che di notte piangono e che la mattina vorrebbero lanciarsi nel vuoto senza paracadute.

Mi feci regalare anche vacanze da papà, weekend per me e la famiglia, al mare, in montagna, tate incluse sempre al seguito. Pure case. Ogni volta che sentivo il bisogno di chiudere una porta per trasferirmi in una nuova vita c'erano i suoi soldi a esaudire il mio progetto.

Che almeno facesse la sua parte. E lui, essendo un generoso per natura, la faceva senza che io lo dovessi supplicare. Lui si alleggeriva dagli aguzzini emotivi e, per un attimo, ci illudevamo entrambi di aver pareggiato i conti. La mia voracità era insaziabile. Volevo vendetta. La cercavo ovunque.

Per non rischiare di impazzire, cominciai a frequentare un corso di teatro presso una compagnia amatoriale. Recitare mi è sempre piaciuto, imparare a memoria un'altra vita, così come andare al cinema. Stacco. Buio in sala. Buio dentro la testa. *Comincia un'altra storia che non è più la tua, Cris!*

Lo stesso succedeva ogni volta che entravo in quel piccolo teatro romano che frequentai per alcuni anni dopo la fine della mia relazione con Mimmo. Tregua, Cris. Ora respira,

Cris. Avevo la sensazione che la vita mi stesse offrendo una nuova possibilità. Ero a pezzi. Mimmo se n'era andato, ci amavamo ancora. Io lo amavo, nonostante mi avesse respinto rifiutando nostro figlio (mio figlio). Pensavo spesso a lui e ogni tanto lo cercavo. Lui tornava da me, facevamo l'amore con una foga che non avevo mai conosciuto. Quella dei naufraghi, delle vittime, degli eterni insoddisfatti.

Meno di 45 chili, di 44. Dimagrendo acquistai molta sicurezza apparente e diventai seduttiva sul palco e giù dal palco. In verità, gli uomini non mi interessavano granché, ma mi piaceva circuirli e sedurli. E che mi guardassero con desiderio. Che fossi sul palco o giù dal palco, sapevo di poter fare affidamento su un bel corpo, per quanto molto magro, ancora sensuale e pieno di armonia.

Cercavo la loro approvazione, l'interesse e la scintilla dentro il loro sguardo. Fu così anche con Antonio.

I miei fidanzati non sono mai andata a cercarli in capo al mondo, li ho trovati a un tiro di schioppo. E, a pensarci oggi, sempre nel mondo di mio padre. Angelo, che era amico della corista di papà. Mimmo, il suo batterista. Antonio il suo skipper. Chiodo schiaccia chiodo: una filosofia di vita che faceva assolutamente al caso mio. Ormai non riuscivo più a restare sola e volevo portare a termine il mio grande progetto: avere altri figli. Chissà, quanti ancora.

Papà ha sempre amato il mare e la vita in barca. Ne teneva una ormeggiata al porto di Ostia. Un giorno arrivò un nuovo skipper, Antonio. A me non piaceva andare in barca, ho sempre sofferto di capogiri e nausee, ma capitava che salissi a bordo e mi godessi, imbottita di qualche diavoleria, il sole e il mare.

Nell'estate del 2005 affittai una casetta a Lavinio, sulla costa laziale. Nonostante i bimbi fossero ancora piccoli seguitai a lavorare negli spettacoli di papà, mi piaceva e mi permetteva di non crogiolarmi troppo nelle mie afflizioni. La tata si occupava di loro in mia assenza. Capitava che papà passasse con la sua barca a prenderci. «Forza, gustiamoci una giornata di mare.» Finiva sempre col convincermi. Lo facevo soprattutto per i bambini, ancora speravo che il nonno-rock piano piano potesse affezionarsi a loro e, in effetti, qualcosa stava succedendo.

Quando si sentiva amato dai suoi nipoti, il suo ego lo autorizzava a riamarli. Aveva sempre bisogno di una conferma prima di lasciarsi andare.

Antonio era indubbiamente un bel ragazzo e mi colpì subito nonostante nel mio cuore ci fosse ancora Mimmo. Era alto, gran fisico, abbronzato, con uno strepitoso paio di occhi verdi e più giovane di me di sei anni. In qualche modo, nel carattere, somigliava a Mimmo: timido e riservato. Un vero marinaio innamorato del mare e del vento. Come sempre fui io a muovere il primo passo. Per quanto avessi capito di piacergli, io ero pur sempre la figlia del capo.

Sapevo che a papà non avrebbe fatto per nulla piacere. Dopo il batterista… pure lo skipper!

Un tardo pomeriggio, dopo aver trascorso tutti insieme una bella giornata in barca e aver avuto occasione di parlare un po' con lui, gli chiesi il numero di telefono. Cominciò la nostra relazione, non avevo tempo per perdere altro tempo. Dentro di me qualcosa era tornato a scalpitare e si era oltremodo accentuato dopo il rifiuto di Mimmo che faceva ancora male.

Spesso, la sera, Antonio mi raggiungeva nella casa di Lavinio. I bimbi erano già a letto e io e lui trascorrevamo romantiche serate in riva al mare. Quando lo dissi a mio padre, non ne fu affatto contento, ma la cosa non mi impedì di proseguire per la mia strada. Antonio, invece, si muoveva con molta prudenza, rispettoso del suo datore di lavoro e ancora in uno stato di totale soggezione. Era un ragazzo del Circeo cresciuto in una famiglia semplice, intimorito da certi ambienti di cui papà faceva parte.

Noi due avevamo una passione comune per gli aspetti più romantici della vita: i ristorantini a lume di candela, i concertini all'aperto, le passeggiate serali in riva al mare sotto un cielo illuminato di stelle. E, poi, quel ragazzone bello che sapeva abbracciarmi senza remore, mi rimandava all'amore di mia madre per il mare e alle nostre vacanze sul Gargano.

A lei, mi dicevo, sarebbe certamente piaciuto e ogni tanto, la sera, prima di coricarmi le chiedevo il permesso di potermi addentrare in quella nuova relazione. Non so, invece, se le sarebbe piaciuto il fatto che per un po' mantenni due relazioni parallele. Con Mimmo non era ancora del tutto finita. Dovevamo ancora chiarirci, mi dicevo, per tenere aperto uno spiraglio tra noi. Sentendomi più lontana, forse si sarebbe ravveduto. Io gli stavo offrendo qualcosa di troppo importante, come poteva non capirlo?

Ogni tanto, di nascosto, andavo a sentirlo suonare in qualche locale della zona. Mi preparavo con cura indossando abiti sexy, sentendomi un'eroina di un romanzo romantico. Adoravo vivere la notte, essere un suo piccolo segreto: mi faceva sentire energica e desiderabile. E, poi, con tutti i sonniferi ingurgitati negli ultimi anni il mio bioritmo si era ribaltato: ero una civetta inquieta.

La relazione con Mimmo mi teneva in fibrillazione e allo stesso tempo amplificava le mie incertezze. Sapevo che prima o poi avremmo dovuto lasciarci, definitivamente, ma mettere la parola fine a una relazione per me è sempre stato doloroso. Saremmo restati amici? Se lui fosse venuto a sapere di Antonio che avrebbe fatto? Conoscevo perfettamente la risposta: non mi avrebbe più voluta vedere. E, al momento, questa eventualità la volevo scongiurare. Tempo, mi serviva ancora un po' di tempo.

Il fatto è che io avevo ancora bisogno di lui. Mimmo era molto simile a me, eravamo cresciuti in quei cinque anni di relazione, ci eravamo sostenuti, capiti, accolti, non solo come fidanzati, anche come fratelli. Forse nessuno come lui conosceva le mie fragilità e non ne aveva più paura. Ma il rapporto tra noi si logorò in maniera definitiva. A un certo punto fu evidente a entrambi che non avremmo potuto darci quello che stavamo cercando. A lui bastava la sua musica, la fidata batteria, suonare fino a tarda notte e poi rientrare nella sua soffitta abitata dal silenzio.

«Io sono costretta a lasciarti» gli dissi una sera dopo aver fatto l'amore con lui, pur sentendomi morire dentro.

Proprio in quei giorni feci entrare Antonio nella mia vita, mi serviva un salvagente per non affogare in un mare di rinnovato dolore. Lui era un marinaio coraggioso, mi avrebbe certamente salvata e, soprattutto, non sarebbe scappato di fronte alla richiesta di un figlio.

Non parlammo mai dell'eventualità di poterne avere uno, eppure arrivò. Una donna sa come fare. Diventa strega, abile alchimista, stratega silenziosa. In verità, non servono grandi pozioni magiche, basta dimenticarsi di prendere la pillola.

Rimasi incinta, ma attesi due mesi prima di informare Antonio, ancora alle dipendenze di mio padre, ancora in soggezione. Quella sera stessa, la sera in cui io e Antonio stringemmo un sodalizio per l'eternità, smisi di prendere gli psicofarmaci. Sapevo di essere incinta. Quando li avvertii, il mio psichiatra e la mia psicologa mi diedero della pazza. «Per quale ragione hai interrotto la terapia? Può essere molto pericoloso.»

A tutti i miei figli, nella fase delicata in cui stavano germogliando, ho sempre risparmiato quei veleni. A loro non sarebbero serviti e io ne avrei fatto a meno nutrendomi di quell'attesa d'amore.

Andai, ancora una volta, contro tutti: contro mio padre, contro i medici che mi curavano dal mostro nero, contro Antonio che ancora non ne sapeva niente. Contro Mimmo che avevo messo in stand-by.

Il primo test risultò negativo. Non smisi di sperare. Il secondo positivo. Mi recai dai miei *rammendatori di anima* e gli sparai in faccia la mia rivalsa: «Avete visto che avevo ragione io?»

Prima di informare Antonio avrei dovuto troncare con Mimmo e questa volta per sempre. Anche con quell'incontro di una volta al mese, sporadico ma vitale, a cui mi tenevo aggrappata con le unghie. In quattro e quattr'otto misi in vendita la mia bellissima casa sulla Nomentana, non rinnegavo gli ultimi anni, ma volevo tornare alle origini, più vicino al casale dove la mia vita aveva avuto inizio. Non dissi nulla a Mimmo, cominciai il trasloco aiutata dalla tata che si prendeva cura dei miei figli e dai collaboratori dell'agenzia che, non vedendo una figura maschile in giro per casa, si intenerirono e mi diedero una mano a impacchettare, smontare mobili e scansie, staccare quadri e tende.

Era fine maggio e mi sembrava un ottimo momento per dare una nuova svolta alla mia vita, mentre un germoglio mi cresceva nel ventre e un padre era ancora ignaro di tutto.

Mimmo ci rimase molto male, ma era esattamente quello che volevo: che si sentisse tagliato fuori dalle scelte più importanti della mia vita dal momento che lui non voleva più farne parte. Mi venne a trovare e vide una casa vuota, qualche valigia e un paio di scatoloni ancora da richiudere.

«Quando pensavi di dirmelo che cambiavi casa?» Chiese con aria affranta.

«Una volta trasferita nella nuova» gli risposi.

Mi sentii forte, inattaccabile. Il coltello dalla parte del manico questa volta ce l'avevo io e pure ben impugnato tra le mani. Gli avrei girato la lama dentro il cuore. Lo stavo facendo. Me ne sarei pentita, certo che sì, conoscevo le dinamiche, ma in quel momento il piacere era impareggiabile.

Stranamente il mio batterista si arrabbiò molto, non era da lui, la cosa mi stupì. Lo avevo tradito tacendogli le mie intenzioni, tagliato fuori da tutto.

«Ti puoi sedere per piacere?» Lo fece. Tremava dentro e anche fuori. Non l'avevo mai visto così scosso.

«C'è altro che devo sapere?» Chiese.

Avrei voluto abbracciarlo e picchiarlo allo stesso tempo. Se solo lui… non saremmo arrivati a… doverci dividere.

«Sono incinta.»

Sbarrò gli occhi. Si irrigidì in ogni pezzo di corpo, nel volto, sulle labbra.

«Ho conosciuto un ragazzo, è lui il padre».

Scoppiò a piangere. Un pianto inconsolabile, incessante.

«Mi volevi veder piangere, no?» Gridò tra i singhiozzi.

Non lo avevo mai visto piangere. E sì, le sue lacrime strazianti sortivano su di me un sentimento forte e contrastante: un piacere occulto, tanta pena, una gran voglia di stringerlo forte ma anche di cacciarlo. L'anima, quella di cui avevo spesso parlato con la dottoressa Palumbo, si incrinò da una parte in un'espressione di disappunto. Si vergognava di me, la mia anima, di quello che le stavo facendo. Non a Mimmo, proprio a lei, dopo che per anni in analisi avevo cercato di mondarla e ricucirla.

Ma io no, ancora non mi vergognavo della serpe che ero diventata e di come mi stessi comportando con il ragazzo che affermavo di amare. Ci sarebbe stato tempo per quello, per la vergogna e per nuovi sensi di colpa. Prima di lasciarci, per sempre, facemmo l'amore su un materasso buttato a terra. Quello fu il nostro ultimo disperato saluto. Nessuna promessa, nessun domani, non credevamo più in noi come coppia pur amandoci ancora.

Risentii la sua voce dopo una settimana, mi chiamò e mi disse cose orribili. Rimasi in silenzio, la cornetta pigiata sull'orecchio. Avevo bisogno del suo disprezzo, solo così sarei riuscita a dimenticarlo.

Dopo quella sera rividi Antonio almeno un paio di volte prima di trovare il coraggio di dirgli di nostro figlio. Un giorno mi passò a prendere per andare con lui a Napoli, c'era anche un suo amico che faceva lo stesso lavoro, l'occasione era una fiera nautica. Avremmo avuto modo di restare soli, a Napoli, in riva al mare.

La Pasqua era prossima, preparai un bigliettino con un pulcino e scrissi: «Tra poco è Pasqua, ma la vera sorpresa arriverà a Natale.» Avevo acquistato anche un uovo di carta, di quelli che si aprono a metà e dentro infilai due calzini da neonato, uno rosa e uno celeste.

Portai tutto con me. Durante il viaggio rimasi seduta dietro, ogni tanto incontravo i suoi bellissimi occhi verdi riflessi nello specchietto.

Salimmo su una barca ormeggiata al porto, avremmo dormito lì per i due giorni della permanenza mentre il suo amico aveva prenotato una stanza in un alberghetto della zona. Attesi la sera successiva, Antonio tornò dalla fiera su di giri, aveva trascorso un'intera giornata tra quelle barche meravigliose che lui aveva sognato fin da quando era bambino.

«Ho prenotato in un bel ristorantino sul mare» mi disse. Mi preparai con cura, volevo essere bellissima per lui che stava diventando padre. Nulla di troppo vistoso, non amava che gli altri uomini mi guardassero con insistenza, lui era un timido marinaio, un ragazzo di provincia con dei sogni a portata di mano.

Cenammo parlandoci con gli occhi, ma io morivo dalla voglia di consegnargli quel bigliettino. Usciti dal ristorante camminammo sul molo, attorniati dalle luci delle barche e da un cielo incantato. Raggiungemmo la nostra barca. «Ho una sorpresa per te» gli dissi e gli consegnai il bigliettino. Lo lesse, sorrise appena. Non aveva ben compreso. Tuffò lo sguardo verso il mare come se potesse trovare lì la risposta a quelle parole. Era il momento dell'uovo di carta. Lo aprì, sfilò i due piccoli calzini, non disse una parola.

Uscì dalla barca, percorse un tratto di molo, lo lasciai solo per un attimo, poi gli andai incontro, non mi veniva in mente alcuna parola, anche se ce ne erano tante che scalpitavano dentro la mia testa per uscire. *Figlio. Padre. Mirko. Martina. Un altro nome con la M.*

Evidentemente Antonio non aveva nessuna parola per me. Non meritavo nulla. Era come mio padre. Reagivano così a una nascita. Mi ero sbagliata su di lui. Credevo che… mi ero illusa che… cosa me ne facevo del suo silenzio di marinaio? Andammo a dormire. Nel letto non osai sfiorarlo nemmeno una volta, ma rimasi ad attendere un suo gesto, un sussurro. La mattina, senza aver chiuso occhio, mi alzai presto, mi preparai, rifeci il mio trolley e uscii dalla barca.

«Dove vai?» Mi chiese Antonio che mi aveva raggiunto.

«Me ne vado.»

«Non devi andartene. Resta.» Mi abbracciò.

«Ho avuto paura, non ho mai pensato a un figlio prima d'ora» disse.

Tornati a Roma, Antonio cominciò a porsi delle domande concrete: «Ora dove andremo a vivere? Per il mio lavoro sarebbe meglio restare vicino al mare.» Perfetto, ci trovavamo d'accordo. Insieme cercammo la nostra casa, ne vidi un paio all'Infernetto, una zona molto verde appena fuori Roma tra il Parco di Castel Fusano e Castelporziano. La seconda che l'agenzia mi prospettò mi piacque all'istante. Aveva tutto quello che cercavamo: era spaziosa senza essere immensa come la precedente, disposta su due piani, le camere da letto sopraelevate e c'era un bellissimo parquet in soggiorno, aveva delle capienti cabine armadio, da poterci entrare dentro. Aggiudicata, non avevo né tempo né voglia di girare troppo.

Lasciai nella vecchia casa sulla Nomentana molti arredi che all'epoca, sovvenzionata da papà, avevo fatto realizzare su misura, tra cui l'immenso guardaroba a matriosca che non avrei mai potuto smantellare. Antonio mi lasciò carta bianca, non aveva esperienza in simili faccende. Fosse stato per lui avremmo potuto benissimo vivere in barca. Papà, anche in quel periodo, giocò la carta dell'assenza. Spesso partiva per tournée italiane e all'estero mentre io dopo la nascita di Mirko decisi di non uscire più dall'Italia.

Alle vecchie incomprensioni si era aggiunta la *grande nemica invisibile* a vanificare ogni possibile riconciliazione: la mia anoressia, che nemmeno riusciva a nominare. Una di quelle parole off-limits come vecchiaia e malattia. Con la parola *nonno* stava cominciando a familiarizzare.

Quando capitava che lo accompagnassi in una trasmissione televisiva si preoccupava soltanto che mi vestissi in maniera adeguata: in vista meno carne (ossa) possibile. Ci teneva al giudizio degli altri e ogni volta che i suoi amici, o qualche parente, lo chiamava al telefono per chiedergli ragguagli sul mio stato di salute, lui si affliggeva. Di più: si vergognava di sua figlia.

«Mi sono rotto di sentire le persone che mi dicono: ma tua figlia che cos'ha, sta male?» si lamentava. E riattaccava con la storia del tumore, di una malattia vera che io non avevo.

Ancora non sapeva nulla della mia terza gravidanza, pensasse quel che voleva: la vita era la mia. Miei i figli che mettevo al mondo e che avrei allevato senza il suo aiuto. Glielo comunicai e basta, non fu contento come era prevedibile. Non lo era di Antonio, né che io diventassi per la terza volta madre. Ero, come sempre, un errore.

Antonio si trasferì a vivere nella nuova casa dalla fine dell'estate, cambiò sede di lavoro, dal Circeo a Ostia. Trovai in lui un ottimo compagno, premuroso, accondiscendente, leale. A differenza mia, lui amava cucinare, prendersi cura della casa, di tutti noi. Pur così giovane aveva i piedi ben piantati a terra e ci conferiva un senso di solidità. Con lui accanto ci sentivamo inattaccabili, molto meno in balia degli eventi.

Dopo tanti rami fragili avevo trovato la mia quercia, implacabile, fin troppo radicata. Sapevo che, prima o poi, mi sarei stancata anche del mio marinaio dagli occhi verdi, di quel carattere mansueto che limava ogni mio impeto, ogni mia esplorazione nel dolore (che io chiamavo *sostanza*).

Antonio mi aiutò parecchio nella gestione dei figli e della casa, del tempo e delle regole. Mi aiutò a trovare un mio equilibrio, lui era l'orologio, la tavola apparecchiata, il senso di famiglia, l'abbraccio che protegge. La nascita di Melissa fu una gioia immensa per tutti noi. Lui diventò un ottimo papà da un giorno all'altro, senza prove, buona la seconda, buona la terza! Per lui le cose andavano fatte bene subito.

Io decisi il nome, la lettera M avrebbe battezzato anche questa nuova gioia della mia vita. M come madre. Come maternità e come mare, che poi era la madre di tutti. Antonio diventando padre della nostra bambina si trasformò un po' anche nel mio. Spesso mi rivolgevo a lui come se fossi sua figlia, quanto a lui gli veniva spontaneo accudirmi e sostenermi.

Ma a me, in tutto e per tutto, spettava sempre l'ultima parola, mi lasciava decidere e restava sempre un passo indietro: buono per un ego maldestro come il mio, un po' meno per lo stesso ego maldestro e mai contento che… come la fai, sbagli!

Sentivo i figli molto più 'miei' che *nostri*, anche se la presenza di un uomo tra le mura domestiche mi faceva piacere e molto comodo. Non avrei, però, tollerato troppe interferenze da parte sua nella gestione dei miei figli, come di nessun altro padre. Prima venivano loro, poi il padre. Del compagno di vita non ero pienamente soddisfatta, quel suo sapersi sempre adattare a ogni mia richiesta anestetizzò i miei sentimenti. I due eterni romantici, quelli della *vita a lume di candela*, erano ancora in sintonia. Amavamo il nido caldo e il senso di appartenenza, ma Antonio non sapeva dialogare con tutte le Cristiane che mi abitavano: la ragazzaccia tumultuosa, la bimba ferita, la donna insicura sempre in cerca di conferme.

La mia malattia, che a giorni non sentivo più così tanto alleata, strattonava con forza da una parte: più-magra-più-magra/controllo-controllo. Non potevo permettermi di dimagrire ancora, di avvilirmi di più. Intanto, dovevo allattare la mia piccolina e poi occuparmi al meglio degli altri due. La tata mi aiutava, ma aveva le sue pretese. Per timore di ritrovarmi di nuovo sola avevo innalzato tutt'attorno una fortezza di gommapiuma che avrebbe parato i colpi di nuove delusioni.

Antonio era un *mammo* perfetto, l'esatto opposto del precedente padre dei miei figli. Ma a me serviva nuovo carburante per rodare i motori e fare il pieno di energia da poter dispensare a loro. Solo in quel modo li avrei protetti dal *mostro nero* che ogni tanto faceva fare alla loro mamma cose molto strane.

Antonio tornava la sera sfinito dal lavoro e non desiderava altro che restare in famiglia, spupazzarsi la sua piccolina e godersi gli altri due. *Lui è l'uomo giusto*, mi ripetevo in maniera ossessiva quando sentivo la ruspa interiore accendere di nuovo i motori per spazzare via anche quella relazione. No. No. No. Di nuovo?

Possibile che a ogni obiettivo raggiunto il *mostro nero* mi suggerisse di distruggerlo e poi di fuggire in cerca di una nuova riscossa?

Non volevo più vedere cocci attorno a me, sentire qualcuno piangere a causa mia. Certe ferite non si rimarginano mai, l'avevo capito, l'analisi mi aveva aiutata a comprenderlo, ma possono essere medicate con nuove forme di amore. Il nero si combatte con dosi di giallo, di arancio, di turchese.

Avevo tre figli sani e bellissimi e lui era l'uomo migliore che mi fosse mai capitato, ma sentivo che non mi bastava. Cercavo dell'altro. Di più. Non ero felice. Cos'era poi, questa felicità che pretendevo di provare senza averla mai provata?

Gabriele, il padre di Mirko e Martina, ogni tanto si presentava a casa nostra per stare un po' con i ragazzi e Antonio si chiudeva in camera. Non sapeva gestire questa situazione. Non che avesse nulla contro di lui, ma il mio marinaio risolveva certe questioni esonerandosene. In qualche modo si annusavano a distanza senza voler sapere nulla l'uno dell'altro.

I modi di Gabriele potevano innervosire chiunque, anche un tipo pacifico come Antonio. Non era cambiato affatto, il solito ragazzo che pretende di insegnare la vita agli altri con quell'atteggiamento da "so tutto io." Quando entrava in casa nostra si comportava come fosse la sua, nessuna regola, nessun "permesso", ma i bambini lo vedevano volentieri e io mi sentivo risollevata mentre giocavano tutti e tre insieme.

La tela che avevo costruito non era una maestosa opera d'arte, c'erano molti vuoti da colmare, incrostazioni da grattare, ma qualcosa restava ancora intatto. Avevo fatto del mio meglio, mi dicevo certi giorni, vedendoli scherzare con Gabriele, adoperandomi come sapevo, mettendo in campo tutte le mie conoscenze. Di più, non avrei saputo fare.

Con il terzo figlio avrei dovuto impegnarmi molto di più per ritornare in forma, fisica e mentale. Non avevo amici, stazionavo in casa fino a che Antonio non rientrava, affaccendata con le pappe, i pannolini, le canzoncine, i disegni, le favole e la tata. In certi pomeriggi, davvero troppo lunghi, mi capitava di ripensare a Mimmo, a noi sempre in bilico alla ricerca della nostra isola di pace, avvolti dal buio della sala, il secchio di pop-corn tra le gambe, un intreccio di mani e di bocche che si cercano.

Capitava che portassi Mirko e Martina al cinema a vedere cartoni animati e film per ragazzi. Antonio restava con la piccola Melissa, appagato da tutto quello che la vita gli offriva. Lui, a differenza di me, non aveva fame di altro.

Una delle grandi fortune fu quella di proseguire con il teatro. Quelle ore di distacco dalla routine mi concedevano un attimo di tregua da me stessa e dalla mia malattia, da mio padre e dalle nostre muraglie cinesi. Dentro a quei copioni mi perdevo, c'era un orizzonte da esplorare che mi richiamava, battuta dopo battuta. Non dovevo rituffarmi ogni volta nel passato, fare i conti con quello che non c'era stato o che non ero riuscita a diventare. Il teatro mi insegnò a mettere a fuoco le emozioni, a percepirle in maniera meno convulsa, più nitida. Dentro a quelle storie, che non erano solo la mia storia, *la storia di Cristiana e della sua mamma-aquila-di-vetro e del papà-Peter-Pan*, mi sentivo protetta. Non ero più sola. Qualcuno mi avrebbe teso la mano se mi fossi spinta troppo in là. Un maestro mi osservava dall'esterno e guidava i miei passi.

Recitavo ma, finalmente, non più con me stessa. Non dovevo prendere in giro nessuno, manipolare nessuno, far credere che stessi a meraviglia quando dentro mi sentivo una merda.

Mi ritrovavo in bocca e lungo la schiena emozioni che qualcuno aveva già provato. E mi sentivo capita. Recitando in quel piccolo teatro scoprii che dimoravano in me placidi mondi sommersi e fantasie a cui avrei potuto dare forma. Non c'era solo buio, strapiombo, morte da anelare o da cui difendermi. Su quel palco *la rompipalle piagnona* si toglieva di mezzo.

Le parti che mi gratificavano di più erano quelle che sapevano tirare fuori la mia vena comica. Adoravo ridere di me stessa, sentirmi buffa, finalmente leggera. Allora... io... potevo essere anche una commedia, non solo una tragedia? Non solo il dramma che ero sempre stata per mio padre. Ed era appagante constatare come sapessi sortire approvazioni sincere da parte del mio piccolo pubblico senza dover mettere in scena la vittima. O il carnefice. Funzionavo anche diversamente, bastava disinnescare il marchingegno e... magia: non ero più la Cristiana rancorosa, afflitta, ferita.

E, poi, le parole che pronunciavo per una volta non uscivano dal mio vocabolario (la *Bibbia di Cristiana*), ma le prendevo a prestito dagli altri.

In quell'ambiente famigliare, dove nessuno giudicava nessuno, sentivo che avrei potuta diventare migliore.

Recitando la vita degli altri stavo ricostruendo un rapporto leale con Cristiana, una nuova intesa, e imparavo a fidarmi di lei. Lì, non c'era solo la madre dei miei figli, la compagna di Antonio, la figlia di Tony e l'orfana dell'*aquila di vetro* che, proprio in quel periodo, cominciai a perdonare. Mamma non era più soltanto un'invincibile aquila, fiera e sprezzante, ma una fragile creatura, molto più vulnerabile di quello che aveva saputo mostrare.

A teatro conobbi altre persone, belle persone, per la prima volta non sbucavano fuori dal cilindro di papà. Quello era il mio mondo incontaminato da lui. Capitava che portassi anche i miei figli, ci tenevo a che potessero annusare nuovi spazi, ambienti diversi.

Ma, inevitabilmente... sentii il bisogno di un altro figlio.

Avevo ancora fame. Freddo dentro. Antonio non era affatto convinto, il lavoro lo assorbiva totalmente e una figlia sua al momento poteva bastargli. Impiegai tutta la mia abilità per estorcergli un incerto *sì*. Ogni volta che mi veniva il ciclo io piangevo e lui rideva. Finché un giorno mi disse: «Senti Cristiana, io un altro figlio non lo voglio.»

Mi cadde il mondo addosso. «Ma come, mi stai prendendo in giro?» Gli dissi. «È da due mesi che faccio il monitoraggio dell'ovulazione e ora un figlio non lo vuoi più? Mi sembrava che fossimo d'accordo tutti e due, si può sapere cosa è successo nel frattempo?»

Il mio utero non poteva aspettare, mi inviava continui messaggi che avevo già ignorato a sufficienza. Lui, e la sua fame insaziabile, erano persino più forti della mia malattia, del corpo ancora emaciato. All'epoca pensavo non fossero così collegati. La stessa cosa.

Mettere al mondo figli per me era la cosa più bella e naturale che sapessi fare, era il mio talento. Forse l'unico.

Mio padre detestava avere una figlia chioccia, credo ne provasse vergogna. Dovevo partorire successi, non figli. E se avessi voluto fare la madre che, almeno, mi trovassi un uomo di un certo tipo, il suo tipo. Non me lo disse mai apertamente fino a che un giorno, Melissa era ancora molto piccola, papà mi venne a trovare a Riccione dove ero in vacanza con Antonio e i bambini.

Si fermò qualche giorno per poter stare un po' con loro e una sera se ne uscì così: «Cristiana, tu non ti rendi conto, ma stai buttando via la tua vita.» Rimasi inebetita. Non ero mai stata così serena come in quel periodo, pur con tutti i miei diavoli interiori, s'intende.

«Ma ti vedi, Cristiana? Potresti essere una cittadina del mondo, goderti la vita, viaggiare come ha fatto tua madre e invece. Ma guardati... sei sempre lì, con 'sta bambina in braccio. Io non ti capirò mai, hai una fortuna tra le mani e la butti via così.»

Mi parlava come se fossi una ragazzina. E non lo ero da parecchi anni. Come se stessi tenendo in braccio una bomba a orologeria e, invece, era mia figlia. La mia bellissima bambina. Avrei tanto desiderato un suo abbraccio e lui mi stava infliggendo l'ennesima pugnalata. Ma non mi sentii più vittima, forse qualcosa stava guarendo dentro di me. Nemmeno una carnefice pronta a sferrare il suo colpo mortale. Mi sentii semplicemente incompresa da lui.

Me ne andai dalla sua stanza e mi chiesi come potesse essere tanto insensibile e come si sarebbe comportata la mamma se fosse stata lì. Antonio, d'accordo, non gli andava a genio come genero, avrebbe voluto vedere al mio fianco tutt'altra persona. Che continuasse ad avere le sue idee, ai progetti per la mia vita ci avrei pensato io.

Non che non montasse la rabbia, montò eccome. Con quella energia incandescente dovevo sempre fare i conti e quasi sempre vinceva lei sul mio flebile autocontrollo, ma mi fermai un attimo prima di spararagli in faccia la verità, ovvero che io stavo facendo esattamente quello che aveva fatto mia madre con lui.

Inutile che fingesse di non saperlo. Dopo il figlio (la figlia) con cui aveva voluto chiudere il cerchio, una volta marcato il traguardo, mia madre lo aveva lasciato su due piedi e si era immersa nella sua nuova vita.

Anche per me gli uomini erano strumenti con cui poter realizzare il mio progetto di vita: la *grande tela*. Probabilmente lui lo era stato per la mamma.

FOTO

1

2

3

4

5

6

7

8

10

11

12

13

CRISTIANA
CUORE
MATTO

Flo Sandon's
I RADAR
Marino Marini
Edoardo Lucchi

17

18

19

20

21

22

23

24

25

26

NOTE FOTOGRAFICHE

1. Cristiana a 4 anni col papà.
2. Tony e Giuliana con la piccola Cristiana appena nata, il 9 febbraio 1974.

3. Il casale di Tony sull'Appia Antica con piscina.
4. Cristiana a 7 anni a Caracas in uno dei viaggi con mamma Giuliana.
5. Un giovane Tony ai suoi esordi, in Inghilterra nel 1959.
6. Tony e Giuliana il giorno del matrimonio, San Marino 28 ottobre 1972.

7. Tony e Giuliana durante una loro vacanza.
8. Un primo piano di Giuliana da pochi mesi in dolce attesa di Cristiana.
9. Tony e Giuliana a bordo del suo motoscafo "Giuly-Bruly".

10. Cristiana nel pieno della sua bellezza.
11. Tony e Cris ragazzina.
12. Festa del dodicesimo compleanno di Cristiana. Si festeggia ancora il pomeriggio con gli amici e l'adorata nonna Candida.
13. Tony e la madre Candida.

14. Festa di compleanno di Cristiana. Il primo festeggiato con papà, la sera al casale. Entrambi sono nati il 9 febbraio.
15. I tre fratelli Ciacci negli anni Cinquanta alle prime armi con la musica.
16. Un giovane Tony negli anni Sessanta.

17. Cristiana a 16 anni.
18. La madre Giuliana. Che incredibile somiglianza!
19. Tony e Cristiana sulla copertina del disco "Aspettami in America".
20. Una delle rare foto che li ritrae tutti e tre insieme.

21. Gli adorati figli di Cristiana, in ordine da sinistra in piedi: Melissa, Melania, Mirko, Martina e il piccolo Mattia.
22. Tony festeggia i suoi 70 anni.
23. Cristiana al compleanno di papà.

24. Cristiana e Tony al Festival di San Remo del 2008 in cui partecipano con la canzone "Non finisce qui".
25. Tony mentre si esibisce sul palco.
26. La copertina del 45 giri "T'amo e t'amerò", 1964.

Non finisce qui

Dopo la nascita del mio primogenito decisi che avrei continuato a lavorare con papà, evitando però le trasferte all'estero. Mai avrei commesso lo stesso errore della mamma: anteporre il lavoro ai miei figli e lasciarli soli per giorni, settimane. Figuriamoci mesi!

Quando nell'aprile del 2006 papà si sentì male in Canada io non ero con lui, ma a casa ad accudire i bimbi.

C'erano tutti gli altri del gruppo, inclusi zio Enrico e Angelo che mi teneva sempre informata su quanto accadeva durante le tournée. Dopo un momento di necessario distacco, il nostro rapporto si consolidò e si alimentò di una complicità fraterna. L'amore non aveva funzionato, ma ci volevamo un gran bene e sapevamo che avremmo potuto fare affidamento sempre l'uno sull'altro. Oggi è ancora così.

Quella sera avrebbero suonato al *Contessa Banquet Hall*, un bellissimo locale di Ottawa dove erano soliti esibirsi molti artisti italiani. Little Tony era molto amato e seguito dalla comunità italo-canadese. L'eterno ragazzo col ciuffo, oltre a essere un gran perfezionista, è sempre stato molto emotivo. Per questa ragione nessuno si allarmò quando, prima dell'esibizione, iniziò a sudare e a mostrarsi irrequieto. *Tutto nella norma*. Solitamente prima di concedersi una piccola pausa cantava sette, otto canzoni, poi affidava per qualche minuto la scena ai suoi musicisti che intrattenevano il pubblico con pezzi della tradizione musicale italiana, giusto il tempo di bere un goccio d'acqua e cambiarsi la giacca.

Quella sera, però, accadde qualcosa d'inaspettato. Papà cominciò ad accusare forti dolori al petto e alle spalle. Dopo la quarta canzone fece segno ai suoi musicisti di proseguire da soli, scese dal palco e si diresse verso il camerino. Il suo amico Adriano Masiello che aveva organizzato il concerto si accorse subito di un insolito pallore.

Ci mancava giusto quel giornalista italo canadese a sferrare il colpo finale dicendogli «La tua faccia, Tony, non mi piace per niente, devi andare subito in ospedale.» Papà non si fece pregare. Si sentiva spossato, faticava a reggersi sulle gambe e perdeva troppi respiri. Da bravo ipocondriaco qual era, lontano da casa, dai suoi amici medici e in balia di gente sconosciuta, si fece sopraffare dalla paura. Fortuna volle che a pochi chilometri si trovasse l'Ottawa Hospital con uno dei centri meglio attrezzati per le malattie cardiache. Venne accolto da un'infermiera italiana che gli prese la mano e gli disse: «E io che dovevo venire a sentirti cantare stasera, poi mi è saltato il turno. Allora sei venuto tu a trovarmi!»

La notizia del suo malore, intanto, si diffuse rapidamente tra i giornalisti e il pubblico presente in sala, da sotto il palco alle ultime file. I suoi musicisti proseguirono con un repertorio di successi italiani, di quelli che sanno mettere tutti d'accordo: *Volare, Malafemmena, 'O surdato 'nnammurato*. Zio Enrico prese il microfono e cercò di tranquillizzare i suoi fan: «Non è nulla di grave, state tranquilli. Tony vi porta i suoi saluti.»

Papà venne condotto in terapia intensiva, la situazione era più grave di quello che sulle prime sembrava. Fatta eccezione per Bruno Campli, il suo fidato segretario, nessuno poté assisterlo. Bruno era la sua ombra, il suo devoto tuttofare, andava in avanscoperta quando si trattava di ispezionare una nuova location, si accertava che tutto fosse perfetto, prendeva accordi con tecnici e gestori dei locali.

Papà rimase in ospedale per circa un mese con Bruno sempre accanto. Lo chiamavo ogni giorno per sapere come andasse, avevo temuto di perdere anche lui. Orfana. Sarei rimasta di nuovo orfana? Da Roma fece partire un amico medico per assisterlo durante il viaggio di ritorno. Papà era spaventatissimo, quell'infarto lo aveva fatto tremare nel corpo e nello spirito. Quando lo rividi mi sembrò invecchiato di vent'anni, ma mi guardai bene dal dirglielo.

Da quel momento la sua ipocondria raggiunse livelli da record, continuò a sottoporsi a regolari controlli e pure a quelli straordinari. Diventò quasi ossessivo nelle cure e nella dieta, spesso la sera saltava la cena per non coricarsi appesantito, mangiava molta frutta e verdura, poca carne, poca pasta, tutto rigorosamente biologico.

Non cambiò solo nel cuore e nello spirito, ma anche nel corpo. Quando gli capitava di rivedersi in qualche foto antecedente quel malore si rabbuiava e cominciava a elencare tutti i suoi visibili difetti: pelle avvizzita, zigomi scavati, lui che aveva sempre avuto un volto turgido e solare.

Anche i denti li vedeva diversi, meno bianchi e splendenti. Avrebbe perso anche il suo irresistibile sorriso? Chissà, si chiedeva sconsolato, se alle sue fan sarebbe piaciuto anche così. In effetti, il leone si era parecchio indebolito, spesso denunciava improvvise stanchezze e si affaticava molto più di prima. Pasquale Mammaro, il suo fidato manager che a piccoli passi lo aveva rintrodotto nell'ambiente televisivo, gli faceva presente di come ancora la sua presenza fosse gradita in certe trasmissioni. Ma papà temeva di non poter offrire il meglio di sé al suo pubblico. Stava perdendo forza fisica, elasticità nei movimenti e pure la voce era cambiata, molto più bassa, quasi baritonale. Prima di ogni concerto veniva preso dal panico. «Questa sera non ce la faccio, salta tutto!» Ma, una volta messo piede sul palco, papà-leone tornava a ruggire, sbranava il suo pubblico.

Quell'esperienza lo segnò a tal punto che, pochi anni dopo, raccontando di quei tragici momenti a Danilo Amerio, si rese conto di come su quel palco lontano da casa fosse stato attraversato dal presentimento della fine. Lui che, grazie alla sua musica, aveva viaggiato in lungo e in largo per il mondo e si era tolto tanti capricci: belle macchine, belle donne. Di donne ne aveva avute tante, ma ne aveva amata solo una. Da quella confessione al grande autore della musica italiana nacque una bellissima canzone, la stessa che poi portammo al Festival di San Remo: *Non finisce qui*.

Non ero mai salita su quel palco ed ero elettrizzata. Papà, che seppe di essere stato convocato pochi giorni prima e che da quel momento cominciò a tremare come se fosse la sua prima volta, decise di portarmi con sé in veste di corista. La piccola Melissa aveva tre mesi. Partimmo tutti insieme: la famiglia di Little Tony al completo.

C'erano anche Antonio, i miei figli e la tata. Restammo nella città dei fiori per ben dieci giorni, in un clima festoso ed elettrizzante come non ne ricordo altri. Fu un'esperienza bellissima per tutti noi, anche papà era felice che gli fossimo accanto: qualcosa si stava ricucendo, ancora una volta grazie alla musica. Mi sembrava di vivere in un sogno dal quale mai avrei voluto risvegliarmi. Ero così radiosa che la mia truccatrice, per la prima volta, non mi applicò nulla sul viso. Nessun fondotinta, nessun correttore. Forse è impossibile non essere belli quando si è felici.

«Hai una pelle così luminosa, lasciamola stare» disse concentrandosi sugli occhi che, invece, la notte faticavano a restare chiusi per più di un paio d'ore.

Per dieci giorni feci il pieno di colore, adrenalina, leggerezza, euforia. Tutto una rincorsa, un'intervista, un cambio d'abito, una cena, un invito. C'era sempre qualcuno che ci attendeva per una foto, due domande sui prossimi progetti artistici. Incontrai cantanti, fotografi, giornalisti, truccatori, parrucchieri, costumisti, registi, un mondo creativo di professionisti dello spettacolo che, per un attimo, mi fece dimenticare gli anni bui dei nostri litigi e della mia malattia.

Lei era con me, certo che sì, ma l'avevo ben travestita e non strattonava più così tanto per mostrarsi e farmi capitolare. Strano ma vero, il cibo, in quel carrozzone effervescente sopra il quale eravamo saliti, era l'ultimo dei miei pensieri. Il *mostro nero* non riuscì, mai, nemmeno per un attimo, a obliterare la mia luce durante quei dieci giorni.

Con la tata e i bambini ci concedevamo bellissime passeggiate in riva al mare e per la città in festa. Dopo il grigio di tanti mesi, in astinenza dal divertimento, mi sentii un'*Alice nel paese delle meraviglie.* Antonio non amava quell'atmosfera sfavillante, tutto quello sgomitare per guadagnarsi un attimo di celebrità. Rimase per tutto il tempo barricato in albergo, usciva quando gli altri cominciavano a ritirarsi.

In dieci giorni indossai almeno trenta abiti diversi, tre cambi nel giro di ventiquattro ore. Salii sulle mie scarpe più belle, tutte rigorosamente altissime, giocai il ruolo della vamp, quello della figlia sorridente di Little Tony, una (quasi) cittadina del mondo che non conosceva livori e solitudini. Poi, la sera, in albergo tornavo ad essere la mamma amorevole.

Per il debutto scelsi un abito rosso tempestato di lustrini, mi sentivo così in quei giorni: *rossa* come l'amore che provavo per i miei figli e come quello che stavo cominciando a sentire, anche se tra molti bassi e pochi alti, per me stessa.

La sera prima della finale a papà venne la febbre e una brutta tosse che lo destabilizzò completamente. Possibile che tutto dovesse precipitare proprio sul più bello?

«Non ce la faccio a cantare» si lamentò nonostante

tutti cercassimo di convincerlo. Io, zio Enrico, Pasquale Mammaro, Angelo, gli organizzatori, lo stesso Pippo Baudo che tanto lo aveva voluto al suo Festival. Papà sembrava irremovibile. Per nessuna ragione al mondo sarebbe salito su quel palco in quelle condizioni. E se gli fosse venuto da tossire mentre cantava? E se lo avessero fischiato? E se…

Le esibizioni della seconda e della terza serata erano state perfette. Liscio come l'olio. Non poteva permettersi di mandare tutto in fumo proprio sul finale. Disse: «O canto in playback o non se ne fa niente.»

Si murò in camera, sotto strati di coperte, il collo protetto da un foulard di seta, boccette di unguenti e sciroppi tutt'attorno. Il medico lo imbottì di medicine per abbassare la febbre e lenire la gola: antibiotici, paracodina, chi più ne ha più ne metta! Mandò giù di tutto pur di salire sul palco e cantare quel pezzo che tanto lo rappresentava, specie quando gli fecero notare che se non avesse cantato sarebbe stato eliminato.

I giornali gli avevano dedicato molto spazio: «Little Tony festeggia sul palco di San Remo 50 anni di carriera.» Non voleva deludere Pippo Baudo di cui aveva profonda stima, ma tutta quell'attenzione, anziché galvanizzarlo, lo metteva letteralmente ko. Si sentiva addosso gli occhi di tutti, le orecchie di tutti.

Era evidente che non ci sarebbe stata per lui un'altra occasione, lo sapeva benissimo, ma era ugualmente terrorizzato. Si inaugurò una nuova processione verso la sua camera: Pasquale, zio Enrico, Angelo, io, Pippo Baudo. Era tutto un «Ripensaci», «Non puoi mollare». Niente. La tosse non se ne voleva andare e lui su quel palco non ci sarebbe salito.

Martina, che all'epoca aveva sette anni e che fino a quel momento aveva assistito in silenzio a tutto quel trambusto, si avvicinò a lui e disse: «Nonno, tu devi cantare. Io ti guardo dalla tele e faccio il tifo per te.»

Apriti cielo! Lazzaro… alzati e cammina!

Papà si levò dal letto e disse: «E va bene. Canto, canto!»

Fu un grande successo. Quando Pippo Baudo nel presentarlo gli disse «Ma adesso, sei un po' raffreddato?» papà minimizzò. Era già un altro giorno.

Ovunque e comunque

Durante le prove a teatro conobbi Massimiliano. Bello, era bello. E lui lo sapeva. Giocavamo a sedurci fingendo un certo disinteresse: era evidente che fossimo presi l'uno dall'altro. Avevo bisogno di conferme e lui me le offriva. Mi piaceva il modo in cui mi guardava e mi faceva sentire una preda difficile, ma per la quale valeva la pena provarci.

Durante le ore in teatro facevo il pieno di lui, poi mi rinfilavo nella mia vita reale, scandita dai figli, dai soliti vecchi fantasmi e da Antonio che si faceva bastare il suo piccolo mondo ponendomi al centro di tutto. Non lo meritavo.

Era evidente che Massimiliano non andasse bene per me, un giovane latin lover che non doveva rendere conto a nessuno, nessuna responsabilità, nessun pensiero per il domani; insomma, il mio esatto opposto.

Un giorno le prove ufficiali, quelle che avrebbero preceduto il nostro debutto, saltarono per un imprevisto del regista e mi arrivò un suo messaggio «Ora che le prove sono saltate che dici se provassimo lo stesso noi due?»

Mi stava dando un appuntamento? Certo che sì. Mi ero spinta troppo in là? Certo che sì. E ora che avrei dovuto fare? Andare da lui senza farmi tanti problemi? Inventarmi una scusa per prendere tempo? Fingere disinteresse e ignorarlo? Fui presa dal panico più totale come un'adolescente al primo appuntamento. Era un bel ragazzo, spigliato, allegro, spassoso e possedeva la qualità di cui avevo più bisogno: mi faceva ridere. Non per ultimo, aveva due strepitosi occhi verdi.

Non avrei potuto farmi bastare quelli di Antonio?

Dopo due compagni lunari, nella mia vita era sbucato un sole dalla battuta sempre pronta che sembrava aver trovato la formula giusta per una vita all'insegna della leggerezza. Da chi mi era stato mandato? Forse avrei solo dovuto ignorarlo, ma quell'idea fece aumentare a dismisura la voglia di rivederlo. Non volevo affatto ignorarlo, ma non volevo nemmeno ferire Antonio, un compagno sensibile e attento.

Cosa-faccio-cosa-faccio-cosa-faccio? Avessi solo avuto un'amica con cui potermi confidare. Forse non avrei ascoltato il suo consiglio, ma dire le cose a voce alta le rende meno minacciose.

L'unica a cui avrei potuto rivolgermi era la tata che parteggiava per la famiglia, dunque per Antonio. Perché rimettere tutto in disordine? Non stavo giocando solo con la mia vita, c'era un prezzo troppo alto in ballo: la serenità dei miei figli.

Di testa mia. Avrei, come al solito, agito di testa mia. Avevo la certezza che se avessi accettato quell'invito qualcosa sarebbe inevitabilmente cambiato tra me e Antonio. Ma, se non fossi andata, mi sarebbe capitata un'altra occasione per incontrare Massimiliano da sola senza gli altri della compagnia?

Antonio si fidava ciecamente di me, trovai una scusa molto credibile che non necessitò di ulteriori spiegazioni: le prove. «Finiremo tardi, non aspettarmi» gli dissi, prima di uscire.

Era il 26 ottobre del 2010, non andai alle prove ma a cena con Massimiliano: quella data segnò l'inizio della nostra storia.

Ristorante *Amatrice*, una splendida terrazza illuminata da lampioni in ferro battuto, atmosfera calda. Massimiliano ordinò il piatto della casa: bucatini all'amatriciana. Ce li portarono insieme a due bavagliolini extra large che ci vennero allacciati al collo. Eravamo buffi e un po' impacciati. In verità, soltanto io ero impacciata. Lui sembrava destreggiarsi con parecchia disinvoltura e anche questo me lo rendeva attraente, non ero abituata a tanta spavalda sicurezza. Mi sentivo euforica, fuori luogo e nel contempo nell'unico posto in cui avrei voluto essere.

Parlai parecchio della mia vita e lui mi ascoltò incuriosito, soprattutto dai passaggi che riguardavano la mia infanzia: partenze dei miei, una miriade di tate ad accudirmi, la grande villa sull'Appia Antica col suo via vai di gente strana.

Ogni tanto mi guardava esterrefatto come se si volesse accertare che non mi stessi inventando tutto di sana pianta solo per stupirlo. No-no, nessun effetto speciale, gli dissi: questa è davvero la mia vita. Benvenuto a bordo!

A metà cena andai alla toilette e chiamai Antonio. «Tutto bene a casa? Avete mangiato? I bimbi dormono?» Temevo che mi potesse scoprire. Detestavo ingannarlo, ma qualcosa di molto forte ormai mi teneva in pugno. «Mi attardo ancora un po', c'è qualche scena che non viene.» Adrenalina e sensi di colpa: un mix da cardiopalma.

Massimiliano mi raccontò di essersi da poco trasferito a vivere da solo, era orgoglioso di come avesse arredato il suo appartamento, me ne parlò con l'entusiasmo di un bambino soffermandosi sui dettagli: un gioco cromatico di bianco e di rosso, il suo colore preferito. Cercai di immaginarmi quell'alcova. Chissà quante donne ci aveva già portato. Io sarei stata una delle tante? Se anche fosse stato, al momento mi poteva andare: che volevo pretendere? Tra noi non avrebbe potuto funzionare, tutto troppo complicato. E una cosa l'avevo capita, fin da subito, Massimiliano non era certamente quel genere di uomo permissivo e accondiscendente da manovrare a mio piacimento. Aveva il suo bel caratterino, era fiero, orgoglioso, narciso, non avrebbe accettato di essere la ruota di scorta.

«Dai, che così lo vedi, ci beviamo solo qualcosa» mi disse.

«Io non bevo, te l'ho detto, sono astemia.» Non volevo cadere subito nella sua rete. Che mi desiderasse almeno un po'.

«E allora ti preparo un caffè.»

«Nemmeno il caffè bevo.»

Insistette ancora, finché me ne uscii così: «Non bevo vino, non prendo caffè, ma a casa tua ci vengo.»

In effetti aveva un appartamento molto carino, curato in ogni minimo dettaglio, sembrava strano non ci fosse lo zampino di una donna. In una delle scene della commedia che avremmo dovuto provare era previsto un bacio, per cui non fu difficile per lui preparare il terreno. «Allora, che dici, la proviamo la scena del bacio?»

Sul divano bianco, senza alcun impaccio o ripensamento, ci scambiammo il nostro primo bacio.

«Arriviamo fin dove vuoi tu» mi disse. E lì, al momento, ci fermammo.

Rincasai con le nuvole ai piedi. Antonio stava dormendo, i bambini pure. Non dovetti elargire spiegazioni a nessuno, nemmeno a me stessa, a quel giro. Mi sentivo troppo felice, l'indomani a mente lucida avrei deciso il da farsi.

L'indomani a mente lucida non decisi proprio nulla. La sera della prima Antonio venne a vedermi con i bambini, sulla scena mi spesi al meglio, avevo tanta di quell'adrenalina in corpo, ma cominciavo a sentire anche il peso dei sensi di colpa. Ero terrorizzata all'idea di perdere Antonio, il mio prezioso alleato.

Ma era arrivato Massimiliano a ribaltare tutto: aveva saputo risvegliare istinti assopiti, mi aveva fatto sentire speciale e desiderabile come non credevo più di poter essere. Una donna da pretendere. Ma non era solo passione, tra noi. Stava nascendo qualcosa di molto forte: mi stavo innamorando.

Cosa faccio adesso? Non facevo che ripetermelo in quei giorni, mentre con Antonio cercavo di dissimulare la tensione emotiva. In qualche modo dipendevo da lui, dalle sue attenzioni, dalla prudenza con cui sapeva prendermi nei miei momenti *no*, dalla razione di frutta che mi offriva perché assimilassi la giusta quantità di vitamine, piccole somministrazioni quotidiane. Chi avrebbe fatto lo stesso per me? Nessuno. Eravamo una famiglia a tutti gli effetti. Valeva la pena rovinare tutto per un amore che si sarebbe potuto dissolvere nel giro di poco tempo?

L'anoressia mi ripiombò addosso come un vecchio calcinaccio. Aumentai il controllo del cibo, del peso, delle cosce, dei fianchi. Se fossi ingrassata sarei ancora piaciuta a Massimiliano? O forse mi avrebbe preferita più magra? Con lui impiegavo le armi della seduzione, intonavo la voce, i gesti, lo sguardo. Con Antonio tornavo a essere me stessa. A lui riservavo la Cristiana di cattivo umore che vedeva sempre il bicchiere mezzo vuoto, ancora spettinata e in ciabatte. Tanto mi avrebbe amata lo stesso.

E se mi fossi tenuto Massimiliano solo come amante? Non sarei stata né la prima né l'ultima e ormai mi era ben chiaro che nessun uomo avrebbe saputo assecondare tutti i miei bisogni. Erano troppi. Nemmeno io li conoscevo tutti. Un uomo, anche uno forte come Massimiliano, avrebbe potuto impazzire restandomi accanto.

Lui era colore acceso, passione allo stato puro, mi faceva ridere ma anche incazzare come nessuno. Al telefono inscenavamo furiose litigate, non ci trovavamo d'accordo quasi su niente. Lui aveva la sua visione della vita, tutta una regola e una strana disciplina, e intravedeva una vena di follia nel modo in cui io gestivo la mia esistenza. Spesso mi faceva sentire stramba e sbagliata. Tentava di farmi cambiare idea, di portarmi a pensare come lui senza riuscirci. Sentivo che da lui avrei sempre dovuto difendermi, mentre con Antonio sarebbe stato tutto più semplice. Meno avvincente, ma più semplice. Lui mi accettava per quella che ero, stramba finché si vuole, ma ero la sua Cristiana da non cambiare. Davvero volevo sobbarcarmi una simile avventura? Ne sarei uscita con le ossa rotte e non me lo potevo permettere.

Di una cosa ero certa: avrei protetto in ogni modo i miei figli, non avevo idea di come quella relazione clandestina si sarebbe evoluta, ma loro no, per nessuna ragione al mondo li avrei fatti soffrire. Per Massimiliano i bambini erano una dimensione lontana e sconosciuta. Non ne voleva, per il momento, ed era evidente che non si sarebbe preso cura dei miei. Insomma, quando cercavo di elencare pro e contro Massimiliano ne usciva sconfitto, ma io lo volevo a ogni costo. Probabilmente era l'uomo più sbagliato per quel momento della mia vita, ma l'idea di perderlo, di dover rinunciare al batticuore che mi aveva riaccesa mi faceva mancare il respiro. Prima di lui non avevo mai provato alcun tipo di gelosia per i miei fidanzati, mentre ora impazzivo all'idea che lui mi potesse tradire con un'altra donna. Quando, dopo l'ennesima litigata, non ci sentivamo per un po', certe immagini crudeli mi assalivano all'improvviso: lui nella sua alcova rossa con una bellissima ragazza, i loro corpi intrecciati.

Gli regalai un orologio con incisa la data del nostro incontro e tre semplici paroline: *ovunque e comunque.* Anche se agli antipodi, io Aria e lui Terra e Fuoco, con quel messaggio non troppo in codice saremmo rimasti eternamente legati, avevo bisogno di crederlo. Non avevo più alcun dubbio a riguardo dei miei sentimenti: mi ero innamorata.

La nostra storia andò avanti. Ogni anno ero convinta che sarebbe stato l'ultimo. Allo scoccare del 26 ottobre, la data del nostro fidanzamento, o in occasione del suo compleanno, mi scervellavo per festeggiarlo in modo speciale. Lo volevo stupire. Non c'è dubbio: devo aver ereditato il *gene dell'eccesso* da mio padre. Le cose sobrie non ci sono mai piaciute.

In una di queste occasioni gli dissi: «Fatti trovare alle otto davanti al distributore.»

Mi infilai nella limousine, un tubino sensuale, la biancheria intima scelta con cura. All'orario stabilito Massimiliano arrivò, il maestoso macchinone gli si accostò. Scese la conducente in divisa: «Buonasera, sei Massimiliano?»

«Sì» disse stupito.

Salì, io rimasi nascosta nei sedili posteriori, poi sbucai fuori come da una torta di panna. Durante il tragitto di tre ore facemmo l'amore scambiandoci le promesse più belle. Se il tempo si fosse potuto fermare… La macchina, a un certo punto, si arrestò davanti allo *Zodiaco*. In quel ristorante, tra i più suggestivi al mondo, avevo prenotato un tavolo sulla terrazza panoramica da cui si poteva ammirare la Città Eterna in tutto il suo splendore. A un certo punto della cena ci raggiunsero alcuni suoi amici, avevo pensato a tutto, non volevo escluderli dalla sua festa e sapevo che quello sarebbe stato il regalo più bello.

L'anno successivo presi in affitto un autobus a due piani dove cenammo a lume di candela attraversando il centro di Roma. L'autista fermò il grande mezzo di trasporto proprio sotto l'arco di Costantino, a pochi metri dal Colosseo. Ci attendevano un tavolo ben apparecchiato, un cameriere in livrea a nostro completo servizio. La cena a base di carne fu completata da una torta di compleanno e dal doveroso brindisi. Per una volta mandai giù quel liquido amaro.

La nostra relazione proseguì tra mille ostacoli. Massimiliano pretendeva l'esclusiva, ma io al momento non potevo accordargliela, dovevo anteporre la serenità dei miei figli all'idea di una coppia felice. Sognavo di arrivare a formare una famiglia con lui: io, Massimiliano, i miei figli. Poi, forse, sarebbero arrivati anche i nostri.

Per tenere il piede in due scarpe arrivai a esaurirmi, non sapevo scegliere. Perché avrei dovuto rinunciare a uno di loro? Avevo bisogno di entrambi. *Tempo*, mi serviva del tempo. Io e Antonio eravamo legati da un affetto fraterno, lui era la mia famiglia, lo scheletro del mio corpo, ma Massimiliano era la passione più travolgente, l'uomo che avrei voluto amare per sempre, il mio *ovunque e comunque*.

Per quattro mesi ci frequentammo di nascosto, tutto un *mordi e fuggi*, sapevo benissimo che questa tensione ci avrebbe logorati entrambi. Quando Antonio era al lavoro, con mille ansie di essere scoperta, il mio amante piombava in casa e facevamo l'amore. Mi aveva completamente rapita, testa e corpo. Durante il giorno, seppur impegnata con i bambini, sobbalzavo come una ragazzina al suono dei suoi messaggi che mi premuravo di trascrivere su un'agendina dopo averli cancellati per non lasciarne traccia sul cellulare. Li volevo conservare, presto sarebbe uscito dalla mia vita, ne ero certa: uno come lui, con i suoi *credo* inconfutabili, il suo egocentrismo che non accetta ruoli secondari, non avrebbe retto a tutti quei limiti che al momento la nostra relazione imponeva.

Ma nemmeno io mi accontentavo di averlo solo come amante. Avrei voluto riservargli un ruolo diverso. Meritava di più, meritavamo di più da quel giovane sentimento che stava nascendo. Nessun uomo mi aveva mai resa tanto felice e infelice al tempo stesso, un vulcano e una formichina, un vento caldo e il gelo dentro le ossa, forse solo… mio… No! Ora mio padre non c'entrava niente! Non si somigliavano affatto e non avrebbe gradito la sua presenza nella mia vita. Tutto troppo complicato.

Sentii di dovermi aprire completamente con lui, non potevo passare per quella che non ero o mostrare solo una piccola parte di me. Non volevo ingannarlo. Gli scrissi una lunghissima lettera. Mi misi a nudo il più possibile, chiarii molti dei comportamenti che lui considerava assurdi. Dietro c'erano delle motivazioni ed era giusto che lui le conoscesse. Non agivo solo d'istinto, non ero la ragazza viziata figlia di un personaggio famoso abituata ad averla sempre vinta come gli avevano messo in testa i suoi genitori. C'erano altre Cristiane che lui era tenuto a conoscere e con le quali avrebbe dovuto misurarsi se fosse rimasto. Di fronte a quelle confessioni Massimiliano rimase di stucco. Non c'era abituato, le donne andavano e venivano dalla sua vita di single, ma si mettevano a nudo solo tra le lenzuola.

Al momento si era sempre fatto bastare relazioni passeggere all'insegna di un piacere condiviso, nessun progetto a lunga scadenza, nessunissima idea di famiglia. Forse, dopo quella lettera, cominciò a vedermi con occhi diversi. Nella mia quotidianità non aveva mai messo piede, gli avevo dato l'opportunità di vedere solo il mio dietro le quinte, l'altra Cristiana.

No, non ero solo la bella ragazza bionda che frequentava di nascosto, quella che lo accendeva e poi, tac! usciva di scena per farsi desiderare. Non ero soltanto la donna misteriosa che gli riservava sorprese pazzesche da cui si sentiva lusingato. Non eravamo mai andati a fare la spesa insieme, non sapeva nulla delle mie beghe quotidiane: il tubo che perde, il cancello da oliare, la padella carbonizzata, i bambini che fanno i capricci. Ci eravamo sempre e soltanto visti in maniera clandestina per fare l'amore, cenare nei luoghi più suggestivi, provare le parti dei nostri spettacoli. A ogni tentativo di tornare coi piedi per terra scoppiava una lite furiosa: punti di vista discordanti in tutto e per tutto. Avremmo dovuto farci bastare quelle emozioni passeggere senza pretenderne di più durature? Io mi vestivo per lui con la stessa cura che impiegavo per le serate con papà, riservando un'attenzione particolare al profumo e alla biancheria intima che Massimiliano apprezzava parecchio. In quella lettera non recitai una sola volta, gli rivelai chi era veramente Cristiana, al di là della ragazza bizzarra con la fissa per la dieta e mille vestiti da sfoggiare: un'anima ferita con un trascorso famigliare da cui tentava ancora di difendersi. E, ora, una madre di tre figli di cui avrebbe dovuto occuparsi per non commettere gli stessi errori di sua madre.

Poi, il 13 febbraio accadde l'imprevedibile. In occasione del compleanno di zia Lidua organizzai a casa una festa con una quarantina di invitati, sentivo il bisogno di ritrovarci tutti insieme, di sentici nonostante tutto ancora una famiglia. Poco prima che i nostri ospiti arrivassero Melissa, che all'epoca aveva tre anni, si mise a giocherellare col mio cellulare, una bomba a orologeria stracarica di messaggi piccantissimi che avevo perso l'abitudine di cancellare. Erano davvero troppi. Ci scrivevamo con l'assiduità di due adolescenti innamorati: una frequenza di due, tre messaggi all'ora.

Ad Antonio capitò tra le mani quella bomba. Al momento non ci feci caso, assorbita com'ero dalla preparazione del rinfresco e dagli addobbi. Era l'ora di pranzo quando disse «Io esco.»

«Ma dove vai ora, ti sembra il momento?»

«Esco» disse con un distacco che mi mise in allerta.

«Tra poco sono tutti qua e io ho bisogno del tuo aiuto.»

Andò da zia Alberto e zia Lidua. Poco dopo ricevetti una loro telefonata: «Antonio è qui, ha letto i messaggi sul telefono. Cristiana, ha scoperto tutto.»

Mi sentii tremare in ogni parte del corpo, altro che pressione bassa! Qui i rimorsi avevano preso a trivellarmi la testa e il cuore, le gambe e l'anima. Ora la sentivo, la mia anima, eccome!

Facemmo ugualmente la festa, ormai era troppo tardi per avvertire gli ospiti e inventare una scusa plausibile. *Scusate, ma qui sta precipitando di nuovo tutto, sono la solita casinara.* In un'atmosfera surreale zia Lidua venne festeggiata nella più totale inconsapevolezza di tutti: nessuno poteva immaginare che la mia vita si stesse nuovamente sgretolando.

Faticavo a trattenere le lacrime, ogni tanto mi assentavo per sistemare il trucco e darmi un po' di contegno, provavo l'espressione migliore davanti allo specchio e rientravo in scena. Tra un saluto, un abbraccio forzato, Antonio non mi degnò di un solo sguardo. Si tenne a debita distanza occupandosi della nostra piccolina.

Da quel giorno non mi rivolse più la parola. Non se ne andò subito dalla nostra casa. Come ci tenne a farmi sapere: lo stava facendo solo per Melissa e gli altri due che ormai considerava figli suoi.

«Mi serve un po' di tempo per organizzarmi» mi disse una sera di ritorno dal lavoro, «poi me ne vado.»

No! Non volevo che se ne andasse. I nostri bambini non dovevano soffrire come…

«Qui se c'è qualcuno che sta rovinando tutto sei soltanto tu, Cristiana. Non incolpare gli altri» mi disse e si ritirò a dormire in mansarda come ormai faceva da tempo.

Ero disperata, non potevo perderlo, non era giusto che Melissa a soli tre anni restasse senza padre. Nei giorni a venire, per quanto lui mi evitasse, gli chiesi del tempo, dovevo prima tranquillizzarmi per riflettere con lucidità. Ma lui mi fece intendere di aver già fatto la sua scelta: se ne sarebbe andato al più presto.

Quando spiegai a Massimiliano l'accaduto sembrò risollevato. Pretese che io, senza temporeggiare ancora, prendessi una decisione. La decisione. Non era successo per caso, quello era il momento buono per ricominciare.

Ricominciare? Lui non poteva capire quello che stavo passando, eravamo diversissimi anche in quello. Proveniva da una famiglia tradizionale, era sempre stato accudito e sostenuto da mamma e papà. Non sapeva nulla del vuoto interiore, nulla delle mie lacerazioni e del fatto che se Antonio fosse uscito dalla mia vita tutto sarebbe di nuovo precipitato. Chi mi avrebbe raccolta, lui?

Furono due mesi pesantissimi. Massimiliano in fremente attesa e Antonio in casa barricato dentro un mutismo che mi mandava fuori di testa. Era il suo modo di punirmi e ci stava riuscendo. Ero un mostro? Fin dove ci eravamo spinti?

Avrei preferito liti furiose, come quelle a cui avevo assistito tra mamma e papà, si dicevano le peggio cose e poi facevano pace. Quel silenzio inviolabile, lo stesso che mia madre mi riservava quando ne combinavo una delle mie, mi uccideva.

Antonio parlava e scherzava con tutti tranne che con me, seguitò ad occuparsi dei bambini, della cucina, dei loro pasti, non più dei miei. Io tornai a essere *Cristiana l'invisibile*, ma sentivo che questa volta me lo meritavo. Era giusto che per lui non esistessi, avevo infranto tutti i nostri sogni.

Stretta tra due fuochi, tra un vulcano pronto a eruttare e una roccia di ghiaccio. Per il vulcano-Massimiliano non era prevista che una sola opzione: chiudere con Antonio, subito! Quando chiamava spesso evitavo di rispondere al telefono temendo che Antonio-la-roccia-di-ghiaccio, sentendo la mia conversazione, si sarebbe sciolto del tutto. Io, invece, lo volevo intatto. Anche muto, purché restasse.

Mirko aveva dodici anni e mezzo, Martina undici: due cuccioli cresciuti e ora nel pieno dell'adolescenza. Si erano affezionati parecchio ad Antonio. Ancora non sapevano nulla di noi, anche se immagino si fossero accorti del nostro strano comportamento. Mi avevano spesso sentita piangere al telefono con quel Massimiliano, era evidente che parteggiassero per il loro papà adottivo. La tensione era troppa, uno dei due avrebbe dovuto fare il primo passo. Antonio decise di mollare gli ormeggi, pur facendo violenza a se stesso, e uscì di scena.

Da quel momento i nostri rapporti migliorarono. Stipulammo un tacito accordo di pace. Quando tornava da noi trascorreva ore di gioco con Melissa, lei fu il nostro tramite. Anche con Mirko e Martina si sapeva rapportare, ci teneva a che loro non si sentissero abbandonati da lui. Si sarebbero solo visti in maniera diversa, per cause di forza maggiore. Ovvero la loro madre pasticciona.

Ci parlavamo di nuovo, se non altro. Dei bambini soprattutto e di tutto quello che li riguardava. C'erano sentieri troppo scoscesi che ci guardavamo bene dal percorrere, zone off-limits che nessuno dei due, almeno per il momento, aveva voglia di varcare. Piano piano, la mia ansia si placò e ripresi tra le mani le fila della mia quotidianità. Con i bimbi e la tata formavamo un bizzarro nucleo famigliare: strambo, senza regole, ma dentro quel calore tutti ci sentivamo protetti. Avevamo i nostri orari per pranzare e cenare, le nostre preziose ritualità, a tutti piaceva camminare scalzi in giro per casa e lo facevamo. Le nostre giornate erano scandite dalla musica e dal gioco, dai compiti e dal cinema. Si mangiava pizza, cibo cinese, hamburger e patatine, per terra davanti alla televisione, ognuno nella posizione che preferiva: niente *giù i gomiti dalla tavola* o roba del genere.

D'altronde, io nella mansarda della mamma avevo sempre mangiato così, camminato a piedi scalzi, ascoltato la musica a tutto volume. Ma non c'era lo stesso calore che io avevo saputo creare. Guardavo innamorata i miei tre figli e mi sembrava che tutto sommato stessero bene. Non avevo saputo dar loro una famiglia tradizionale, ma l'amore, quello non mancava di certo.

Mirko aveva ereditato dal nonno-rock i lineamenti, lo sguardo profondo e la passione per la musica. Per il resto era taciturno e tendenzialmente malinconico. Martina cresceva con il mio entusiasmo fragoroso, senza fortunatamente le mie laceranti malinconie, sempre innamorata di qualcosa, desiderosa di volersi misurare con una nuova avventura. Tanto velocemente se ne appassionava quanto allo stesso modo si stancava.

Questo vivere allo sbando ci calzava a pennello. Antonio seppur da lontano era presente nella nostra vita ed era un bravo papà. Mai una volta tentò di screditarmi ai loro occhi. Le giornate le trascorrevo con i bambini, quando papà chiamava per una serata io c'ero, e in quei momenti mettevamo qualche cerotto sulle nostre inguaribili ferite. Incontravo Massimiliano due volte a settimana, a fine giornata. In fondo non era cambiato granché tra noi, ma il fatto che Antonio non vivesse più con me lo faceva stare meglio.

Quelle due sere a settimana uscivo dalla mia vita ordinaria e rientravo nella sua alcova bianca e rossa. Adoravo prepararmi per raggiungerlo, mi sentivo un'avventuriera e una cortigiana che con le sue armi di seduzione circuisce il suo sultano. Ma ancor di più mi sentivo Cenerentola che si prepara per il gran ballo. Mi barricavo in camera, alzavo la musica, aprivo l'anta dell'armadio e improvvisavo sfilate in attesa di debuttare per lui. Via i vestiti da mamma! Via le ciabatte, il mollettone in testa, le occhiaie! Via la vecchia Cristiana!

Sotto la doccia mi depilavo con cura, lavavo i capelli, poi mi cospargevo di crema idratante, stendevo lo smalto sulle unghie di mani e piedi, mi truccavo e mi infilavo nel mio abito di scena.

Richiudendomi la porta di casa alle spalle mi sentivo euforica, salivo sul Pandino giallo limone, lasciavo che i cd di Massimiliano con dentro i 'nostri big del cuore' facessero da colonna sonora al mio breve viaggio: Baglioni, Tiziano Ferro, Renga, Giorgia. Cantavo a squarciagola, leggera come un uccello trasportato dalle correnti calde… *Accoccolati ad ascoltare il mare quanto tempo siamo stati senza fiatare…* le paperine sull'acceleratore che poi avrei sostituito con un paio di scarpe dal tacco alto *…Ed ero contentissimo, in ritardo sotto casa ed io che ti aspettavo, stringimi la mano...*

Arrivavo sotto casa del mio principe carica come una molla, lasciavo la mia piccola carrozza per salire su quella regale. Me lo trovavo davanti nel pieno del suo splendore, sempre ben vestito, profumato, la gelatina tra i capelli. Sapevo come si sarebbe conclusa la serata, ma ogni volta mi teneva in serbo la sorpresa riguardo al ristorante in cui avremmo cenato.

Localini molto *in* o del tutto alternativi, ambienti che prima di lui non avevo mai nemmeno immaginato potessero esistere. Con lui vidi la maestà di Roma nella notte, i tiratardi che si godono la vita. Al suo fianco mi atteggiavo come una regina, altera e orgogliosa.

Inevitabilmente si riproponeva il problema del cibo. Non mi sarei potuta permettere di ingrassare proprio adesso che avevo trovato il mio Principe azzurro. Ordinavo una Coca Cola mentre lui cenava, poi insieme prendevamo il gelato, quello sì. Capitava che mi sottoponessi a un digiuno forzato di tre giorni per potermi concedere almeno un primo piatto e non farlo sentire a disagio.

Ma eravamo talmente presi l'uno dall'altro che mai mi fece pesare la mia malattia. Coglievamo quei momenti così preziosi per conoscerci meglio, il cibo non era certamente la priorità, pregustavamo il *dopo* che inevitabilmente si concludeva a letto. Poi, alle cinque della mattina mi rivestito e tornavo dai miei figli.

Spesso mi chiedeva di Antonio. Non potevo tacergli il fatto che più volte a settimana lui venisse a casa per stare con Melissa. Inconcepibile per Massimiliano, la faccenda doveva finire. Per me, invece, la sua affidabile presenza era fondamentale: l'uomo del tran-tran quotidiano, delle visite mediche, delle bollette, della mia salute. «Stai mangiando? Ti preparo qualcosa?» Quello paziente che sapeva tergiversare sulle mie troppe ossessioni.

Massimiliano ne era geloso. Per quale motivo, mi chiedeva mettendomi sotto torchio, non avrebbe potuto vedere la sua bambina fuori dalle mura domestiche? Non esistevano il parco giochi, il cinema, la casa dei nonni paterni?

Poi la situazione venne ribaltata da un nuovo arrivo. Rimasi incinta di Melania.

Una vita a colori

Per Massimiliano esiste il bianco e il nero. Punto. Per me il bianco e il nero sono opinabili, un po' come la matematica. Ci sono i grigi e sono talmente tanti che per alcuni non sono riusciti a trovare nemmeno un nome. Per altri sì: c'è il grigio ardesia, il grigio cenere, l'argento, il piombo, il grigio talpa, il topo, il perla, il grigio alba, quello tempesta e il grigio cielo, quello fumo e il gabbiano… (è buona cosa che molti uomini se lo annotino).

Attorno a noi e, soprattutto, dentro di noi esiste un'infinita gamma di sfumature, ovvero punti di vista, approcci, alternative a quelle che ci impongono o che ci sembrano le uniche perseguibili. Auguste Renoir, il grande pittore impressionista, che di colore se ne intendeva parecchio, diceva: «La natura conosce solo colori, bianco e nero non sono colori.»

Concordo pienamente. E poi io ho assoluto bisogno di immergermi nei colori (via il bianco, via il nero!) e di poter valutare le situazioni attraverso una lente che cambia di continuo colore.

Intanto, perché non siamo tutti uguali: ognuno ha il suo trascorso, le sue ferite, le sue miopie. Per me la malinconia è totalmente bianca, così come il silenzio: bianco assoluto. Il dolore, invece, è nero. Non li voglio più: malinconia, silenzio, dolore. Bianco assoluto. Nero assoluto. Anche i ricordi più brutti sono in bianco e nero. Pure gli incubi.

Se c'è una cosa che Giuliana e Antonio, i miei genitori, mi

hanno insegnato è il senso di una vita a colori. Tra il nero del dolore e il bianco dell'assenza, loro mi hanno travolta con i loro rossi, i gialli, gli arancioni, il fucsia, con giacche d'oro e frange d'argento. Non sono stati solo sbagliati. Nessuno è totalmente sbagliato.

Io so di aver commesso parecchi errori, eppure ho ancora fame di colore e di ogni sfumatura. Farò il possibile per somministrarli ai miei figli. Melissa, dopo che mi sono lasciata con suo padre, ha cominciato a perdere molti dei suoi colori, il giallo della risata soprattutto. Si è sbiadita come una maglietta lasciata ad asciugare al sole per troppe ore. Da bimba aperta e gioiosa quale è sempre stata, dopo che papà Antonio è uscito dalla nostra casa, non subito a dire il vero, ma in maniera lenta e progressiva, si è rinchiusa nel suo mondo imperscrutabile.

I bambini sono spugne che assorbono ogni sfumatura cromatica, noi adulti dovremmo tatuarcelo in fronte. Altro che simboli tribali e cuoricini! *Bi-bip, il tuo bambino respira il tuo dolore, la tua rabbia, i muri di silenzio che tiri su.*

Del suo cambiamento non mi accorsi immediatamente. In fondo, mi dicevo dopo che Antonio lasciò la nostra casa, la mia bambina non è sola. Ha una madre molto presente, due fratelli affettuosi, una tata, degli zii, un nonno meteora. D'accordo, lei avrebbe voluto accanto anche il suo papà marinaio come tutti i bambini. Non un papà *mordi e fuggi* per quanto Antonio facesse il possibile per dedicarle tutto il suo tempo libero. In prima elementare emerse con prepotenza il suo problema di dislessia nel momento in cui entrò in contatto con parole da scrivere e frasi da leggere. La feci seguire da una psicologa, io ero nel pieno della mia malattia e mio padre nel pieno della sua. Ripresi a tremare dentro. Forse non avevo mai smesso, ma ora avevo davvero tanta paura di poter sbagliare con la mia bambina. Massimiliano era l'uomo che sentivo di amare, però ancora ero legata ad Antonio, al suo ruolo di *mammo*.

Non ero in grado di prendere una decisione: o l'uno o l'altro. Possibile che Massimiliano non capisse? Sfumature. Scala dei grigi. No, per lui c'era il bianco, vale a dire: scegli me. O il nero: se scegli lui io me ne vado per sempre.

L'idea di avere un quarto figlio mi teneva compagnia da mesi. Sarebbe più giusto affermare che mi assillasse giorno e notte: era uno dei miei pensieri fissi. Gira e rigira, tornavo sempre lì. Con Massimiliano non si parlava in maniera esplicita di avere un figlio nostro. Oltre a una situazione già piuttosto complessa, ci mancavano giusto i suoi genitori che non mi vedevano di buon occhio. La madre si era costruita un'immagine distorta di me: ero la figlia di un personaggio famoso, chissà come mi aveva cresciuta, con quali strane idee per la testa.

Suo figlio, un così bel ragazzo che si stava affermando nel Corpo della Guardia di Finanza, uno che avrebbe potuto avere tutte le ragazze che desiderava, possibilmente libere, senza figli e con un passato meno turbolento... ma guarda te di chi si era andato a innamorare!

Massimiliano, giusto per tranquillizzarla, le parlava di me come di una semplice avventura, niente di serio. «Nel frattempo, mamma, sto frequentando altre ragazze.»

Ricordo con nitidezza il giorno in cui concepimmo la nostra bambina. *Fatalità?* Non era previsto che ci vedessimo, ma quella mattina appena aperti gli occhi sentii fortissimo il desiderio di incontrarlo. Pioveva a dirotto, mi misi in macchina e mi diressi verso casa sua.

«Sto venendo da te, ti porto i cornetti.»

I cornetti li mangiammo dopo aver fatto l'amore. Fu lui a gustarli, io rimasi a guardarlo, cullata dal tepore della passione appena consumata.

La situazione di papà stava peggiorando e le forze sembravano volerlo abbandonare del tutto.

A volte sembrava un vecchio di ottant'anni piegato dallo scoramento. Poi, attraverso la sua musica, risorgeva. Rimase sino alla fine la musa da onorare, tutto il resto veniva dopo. Sempre più spesso capitava che prima di salire sul palco si lasciasse sopraffare da un senso di profondo sconforto. Il dolore, diceva, era insopportabile. Non si trattava solo del cuore, un tumore dei più cattivi lo stava divorando dall'interno e la storia andava avanti da anni, ma ultimamente sembrava essersi incaponito oltre misura. Non disse a nessuno della sua malattia, altro termine che aveva paura a pronunciare. Da diligente ipocondriaco qual era si era sempre tenuto sotto controllo in maniera scrupolosa, soprattutto dopo l'infarto in Canada. Nemmeno i suoi amici più cari sapevano, il *re Mida dell'eterna giovinezza* non avrebbe potuto terminare così la sua esistenza.

Pasquale Mammaro, il fidato manager che lo accompagnò anche a quella che sarebbe stata la sua ultima apparizione in tv, lo aveva introdotto in un mondo che ormai papà viveva come troppo distante e anche un po' minaccioso. Vero, aveva le sue ossessioni, ma non ha mai sofferto della sindrome di Napoleone "bene o male, l'importante è che se ne parli". Papà ha sempre temuto di potersi bruciare con un passaggio televisivo azzardato, una presenza fuori luogo. «Meglio non farsi proprio vedere se non si ha nulla da dire.» Questa era la sua filosofia di vita che Pasquale approvò e assecondò sempre.

Pur senza un nuovo successo da proporre, Pasquale seppe rimetterlo sotto i riflettori e inserirlo nel mondo della tv nazionale, quella di cui aveva fatto parte tra gli anni Sessanta e Ottanta ma che, nel frattempo, era radicalmente cambiata. Ormai le regole che governavano quella "scatola magica" sfuggivano agli artisti della sua generazione. Gli autori dei vari programmi d'intrattenimento puntavano su aspetti molto personali della vita di un artista più che sulla sua musica.

A papà certe pantomime strappalacrime che vedeva in tv facevano orrore. «Io quelle figure non le voglio fare» diceva e cambiava canale. E, invece, scoprimmo che in molti avevano ancora piacere a incontrarlo sul piccolo schermo quando riproponeva i suoi cavalli di battaglia, gli *evergreen* come li chiamavano i critici musicali, quelli che sapevano tenere agganciate anche tre generazioni.

Per papà i teatri di provincia, le feste di piazza e quelle patronali di paese non valevano meno di un passaggio serale sulla tv nazionale con milioni di spettatori. Al suo pubblico rimase sempre fedele. I dirigenti tv all'inizio ridevano quando sentivano il suo nome. Non lo volevano, era quello col ciuffo di *Cuore Matto*, quello con i pantaloni scampanati e le mossettine alla Elvis, roba superata.

Con Pasquale accanto aveva ripercorso a piccoli passi la selva oscura mediatica, cominciando dalle trasmissioni della mattina che gli imponevano alzatacce a cui non era abituato, per poi approdare a quelle in prima serata. Faceva tutto con una passione sorprendente, uno scolaro diligente che non si lamenta mai, pronto a ripartire dal basso.

Papà e Pasquale Mammaro si conobbero sul principio degli anni Novanta. Pasquale si era già distinto come promoter televisivo e discografico, ma ancora non era arrivato ai successi di oggi. Fu un amico comune a farli incontrare, Bruno Campli, una sorta di segretario di papà che prelevò Pasquale davanti agli studi di Cinecittà per condurlo al casale.

Era emozionatissimo, per lui Little Tony restava un mito della canzone italiana anche se le case discografiche parevano essersene dimenticate. Rimase sbalordito di fronte ai nomi evocativi che papà aveva assegnato alle viuzze che tagliavano il parco antecedente l'ingresso dedicate a Elvis e al rock. Papà lo attendeva sulla porta con una delle sue giacche *frangiute*. Avrebbero dovuto prendere solo un caffè e buttare giù qualche progetto di lavoro, ma alla fine Pasquale rimase anche a cena. Si raccontarono le loro vite con la franchezza di chi viene dal basso, successi e cadute, le preoccupazioni per un mondo musicale dominato da regole imperscrutabili.

Fu uno dei pochi a restargli accanto fino alla fine. Era il 9 marzo del 2013 quando papà, invitato da Carlo Conti a *I migliori anni,* ce la mise tutta per non lasciare trapelare le sue pessime condizioni di salute nonostante il volto scavato e parecchi chili persi. Non mi portò con sé. «Sei troppo secca, Cristiana, mi chiederebbero spiegazioni.» Con i bambini lo seguii da casa.

Carlo, terminata l'esibizione, disse a Mammaro: «Tony non ha una bella cera.» A quel punto anche Pasquale si rese conto di quanto mio padre fosse sciupato. Per quanto fossero amici, oltre che legati da una profonda stima professionale, papà si era guardato bene dal rivelare anche a lui la gravità della sua situazione. Era pur sempre il suo manager, il tramite tra la sua arte e i canali grazie ai quali l'avrebbe fatta ancora arrivare ai suoi fan.

Non lo voleva deludere, voleva che ancora credesse in lui, nel suo talento. Little Tony non era finito.

Negli ultimi mesi papà si comportò come quegli uccelli migratori che, vicini alla fine, si sottraggono al brivido del volo e ai propri simili per andare a morire da soli. Riguardandosi a *I migliori anni*, come era solito fare a ogni sua partecipazione televisiva, mi disse: «Non voglio più che mi vedano in queste condizioni, Cris.»

La sua non era solo vanità, ma amore incondizionato verso il suo pubblico.

Nessuno tra gli addetti ai lavori e tra i suoi colleghi poteva immaginare quanto soffrisse. Dopo l'infarto, i giornali avevano raccontato del suo *cuore matto*. Quella sembrava essere la Spada di Damocle che avrebbe potuto mettere ko il ragazzo col ciuffo sul quale, un tempo così bello e idolatrato dalle ragazze, vigeva una sorta di mistero che nessuno di noi in famiglia osava profanare.

Il dolore fisico lo perseguitava da troppo tempo. A volte si tastava dappertutto senza riuscire a individuare da dove provenisse. Sul suo corpo afflitto cercava un punto preciso, un pulsante con cui spegnere quella trivella sfinente.

Ma no, quel punto preciso non c'era. La radice da estirpare, semmai, era immersa dal di dentro in un liquido amniotico letale che i medici tenevano a bada con somministrazioni di antidolorifici. Le sue ossa si erano fatte fragili come vetro, bastava un nonnulla perché si ferisse o si sentisse spossato al punto da non riuscire ad alzarsi dal letto la mattina.

Non guidava più. Quando saliva in macchina con me si teneva aggrappato alla maniglia e io facevo il possibile per scansare buche, avvallamenti e garantirgli una guida tranquilla. E poi soffriva come un matto riascoltandosi nelle ultime registrazioni. «Ma senti qui, Cris, lo senti che non ho più voce?» diceva affranto. Le cure di cortisone sottraevano armonia e calore alla sua bella voce.

Con Angelo, nel suo studio di registrazione, volle incidere l'ultima canzone, un titolo che diceva tutto: *Impossible.* Interpretandola prestò un'attenzione quasi mistica a ogni parola, come se stesse meditando. Angelo ebbe la sensazione che papà volesse che diventasse un lascito, il suo testamento musicale.

Quando ritornò in Canada per chiudere quel cerchio lasciato aperto e rifare il concerto, Angelo gli preparò una sorpresa. Aveva montato in sequenza le foto di lui e della mamma, di noi tre insieme, e fu davvero emozionante per tutti. Per lui soprattutto che quella volta non riuscì a trattenere le lacrime.

La sera del 15 marzo a causa di un colpo di tosse si fratturò lo sterno. Venne ricoverato d'urgenza alla Clinica Villa Margherita. Mi chiamò e con una voce flebile mi disse: «Cris, sto in clinica, vieni appena puoi. Mi sono rotto lo sterno.» Da quel giorno di marzo mio padre non uscì più dall'ospedale.

Fu zia Lidua a darmi la terribile notizia: «Per papà non c'è più niente da fare.»

Ma come, il mio supereroe?

Uno come lui, abituato a cadere e a rialzarsi. Era molto più forte di quello che lui stesso credeva di essere. Io lo sapevo. No! Papà ce l'avrebbe fatta anche questa volta.

Erano otto anni che lottava contro quel *roditore nemico* e io mi ero illusa che avrebbe potuto andare ancora avanti imparando a conviverci. Come io facevo con la mia malattia. Ogni tanto un ricovero, una somministrazione di qualche nuova diavoleria e si sarebbe rimesso in pista.

Il suo pubblico aveva ancora bisogno di lui, anche noi avevamo bisogno di lui; nell'ultimo periodo si era molto avvicinato ai bambini. Quando la zia pronunciò quelle parole io morii per l'ennesima volta e di nuovo mi sentii una sopravvissuta.

E ora come lo dico ai bambini? Fu il mio nuovo assillante pensiero. Si erano abituati alla sua bizzarra presenza. Da quando papà aveva venduto il grande casale sull'Appia Antica e si era trasferito alle Capannelle li chiamava ogni giorno. Una volta a settimana si andava a pranzo fuori tutti insieme. Quando andavamo a trovarlo e Melissa tirava giù ogni cosa lui la guardava esterrefatto. Non giocava con lei, non li prendeva in braccio. Papà è sempre stato fisico solo con le sue fidanzate, ma bastava guardarlo negli occhi per comprendere quanto fosse sincero l'affetto che nutriva per i suoi nipoti. Erano il proseguimento di tutto, una delle poche certezze rimaste.

Prima che la sua malattia degenerasse li aveva spesso portati ai suoi concerti e fatti salire sul palco, per lui era importante che provassero quell'ebbrezza. A fianco dei musicisti, le chitarre che si accordano, il rullo della batteria, il pubblico che si accalca: una sorta di lascito che si augurava li avrebbe per sempre tenuti legati alla musica. Ovvero, a lui.

Vi lascio questo, ragazzi miei, la fedeltà alla musica. L'unica che non mi ha mai tradito. Che non ho mai tradito. La mia ragione di vita. Mi sembra di sentire la sua voce, ancora oggi, a distanza di otto anni dalla sua dipartita.

Mirko era così orgoglioso di suo nonno-rock. Ne parlava con i suoi amici esattamente come avevo fatto io alla sua età, intonava le sue canzoni con una voce calda che si stava irrobustendo e ne inventava di nuove che poi a lui soltanto faceva ascoltare, fiero di aver ereditato un briciolo del suo talento.

Come faccio a dargli questa notizia? Cercavo le parole giuste senza riuscire a trovarle. Salii in camera sua, delle pietre al posto dei piedi, chiamai anche Martina e Melissa: «Vi devo dire una cosa brutta, sapete che il nonno sta molto male, da qualche giorno è ricoverato in clinica e... tra poco morirà.»

Mirko scoppiò a piangere. Martina e Melissa lo guardarono spaventate, piansero a loro volta. Mi strinsi a loro per non volare via.

Era ancora troppo vivida l'esperienza di mia madre, la sua algida sofferenza. Avrei fatto di tutto per risparmiarla a papà. Mi incaponii con i medici. «Non deve assolutamente soffrire, somministrategli la terapia del dolore, ma vi prego non fatelo agonizzare fino all'ultimo respiro.»

Gli zii non erano d'accordo. «Proviamo ancora con la chemio» dissero.

Davvero credevano in un miracolo? Possibile che non capissero quanto il suo dolore fosse ben più potente della possibilità di sopravvivere? A me sembrava folle sottoporlo a un altro ciclo di quel veleno, non sarei stata certamente io ad acconsentire.

Alla fine fu sottoposto a cinque sedute di chemioterapia, settantadue giorni di ricovero, un'agonia per tutti noi. Io e zio Alberto ci davamo il cambio. Di mattina alle sei arrivavo da papà e mi auguravo di trovarlo ancora in vita. Ci restavo fino al pomeriggio. In quei due mesi gli diedero l'estrema unzione per ben tre volte. Papà è sempre stato devoto alla Madonna del Divino Amore. Don Silla, il parroco, era una garanzia per lui, una presenza necessaria. Dopo quelle due unzioni papà sembrò riprendersi un pochino, si rimise in piedi, ritrovò qualche spiraglio di speranza.

Intanto, il 9 maggio mi saltò il ciclo. Nonostante la situazione riuscii a gioire ma, al momento, non dissi nulla a nessuno. L'11 feci il test: positivo. Il giorno successivo, in occasione della Festa della Mamma, i miei figli mi consegnarono il loro pensierino e d'istinto li informai: «Aspetto un bambino.»

Non sembrarono contenti, ma nemmeno spaventati da quell'arrivo. Mirko era preoccupato solo per un aspetto: «Ma allora, Massimiliano verrà a vivere qui?»

Quella evenienza lo spaventata più dell'arrivo di un terzo fratello con cui dover condividere gli spazi di casa e quelli del mio cuore. Potevo capirlo, sarebbe stata la quarta persona a infilarsi nel nostro tran-tran famigliare: Gabriele. Mimmo. Antonio. E ora il turno di Massimiliano. Non lo conoscevano, lo avevano visto di sfuggita una sola volta, ma per loro era quello che sapeva farmi arrabbiare come nessun altro. Quello che mi faceva strillare al telefono e poi piangere a dirotto come una ragazzina che viene lasciata. La conclusione non poteva che essere una: quell'uomo faceva soffrire la mamma e loro non lo volevano in casa nostra.

Io per prima ero spaventata all'idea di vivere con lui, facevamo fuoco e fiamme. In tre anni io, i miei figli e la tata eravamo tutto sommato riusciti a creare un nucleo famigliare caldo e accogliente, bizzarro finché si vuole, ma per noi andava benissimo così. Nel nostro clan ci stavamo a meraviglia: pochissime regole, moltissime coccole, un equilibrio mai statico che ci divertivamo ogni giorno a stravolgere in base alle esigenze del momento.

Sapevo benissimo che a Massimiliano quel modo di condurre la quotidianità non sarebbe andato a genio. Veniva da una formazione militare e da una famiglia che più tradizionale non si può. L'unica certezza è che non l'avrei detto a mio padre, per lui la vita ormai "era questione di giorni" come ci dissero i dottori. L'avrebbe presa malissimo: quarto figlio, terzo padre, io senza più un lavoro, quella malattia dal nome strano. Volevo risparmiargli anche questo supplizio.

Proseguii con i turni di dodici ore in ospedale, mi accollai pure qualche notte, smisi gli psicofarmaci. Presi tutto il coraggio e lo dissi a Massimiliano, ma prima escogitai il mio piccolo stratagemma, un lasciapassare che mi avrebbe (forse) facilitata. Acquistai una scatolina a forma di cuore, ci infilai dentro due ciucci, uno rosa e uno celeste. Lo raggiunsi a casa sua, mi accolse con una smania che faticava a contenere. Era inquieto e pretendeva dei chiarimenti riguardo ad Antonio che faceva ancora "troppo parte" della mia vita. Tentai per l'ennesima volta di fargli capire quello che lui non voleva intendere, parlavamo due lingue diverse, lui quella del *o bianco o nero,* mentre io, mai come in quelle settimane, galleggiavo tra milioni di sfumature.

Lui stava seduto sul divano, il volto scuro, mentre io spiandolo dalla cucina cercavo d'intercettare ogni suo respiro, fintanto che mi disse: «Su, forza! Parla, parla. Lo so che mi vuoi dire qualcosa.»

Gli consegnai la scatola. La aprì. Prima che potesse aprire bocca lo precedetti: «Sono incinta.» Reagì malissimo. Sbiancò. Non se l'aspettava. «Ma come è possibile? Come è potuto accadere? Sono sempre stato attento, io... Ti rendi conto che questo non è il momento giusto?»

Per lui, forse. Non certamente per me. Era sempre il momento giusto per mettere al mondo un figlio, ma per lui questa creatura avrebbe segnato la fine della sua libertà, me lo stavano dicendo i suoi occhi verdi, sconcertati, increduli. La fine del nostro divertimento, della sua spensieratezza. Speravo che di fronte a una notizia simile avrebbe mutato atteggiamento. Non lui, *il re della fermezza*. Mi tenne il muso per qualche giorno, poi se ne uscì così: «Ora andiamo dai miei e glielo diciamo.»

Non ero affatto d'accordo. Perché i suoi genitori dovevano essere informati per primi? Non lo sapeva ancora nessuno, né mio padre né gli zii a cui ero tanto legata. Ed ero più che certa che l'avrebbero presa malissimo. Non mi avevano mai accettata, sua madre in particolare. Forse nemmeno di fronte all'arrivo del primo nipote si sarebbe ricreduta e io non avrei sopportato una reazione come quella di papà all'annuncio delle mie precedenti gravidanze.

Il 27 maggio, come sempre alle sei del mattino mi recai in clinica per dare il cambio a zio Alberto. Due giorni prima avevano aspirato a papà l'acqua dai polmoni per ben sette volte in una sola giornata: c'era stato un notevole peggioramento. Tutti concordi avevamo fatto interrompere le terapie. Perché accanirsi ancora?

«Basta, non fatemi più niente, non ce la faccio più» disse papà. Gli proposero di firmare un documento in cui si disponeva che, da quel momento, avrebbe consapevolmente rinunciato all'idratazione. Ma, no, non ebbe la forza di marchiare quella sentenza di morte così spietata.

Massimiliano, in quei giorni terribili, mi rimase accanto. Arrivava in clinica e io scendevo alla reception per farmi abbracciare. Piangevo tra le sue braccia ma se non altro lui c'era, non ero sola. Non sarebbe stato così drammatico con lui accanto affrontare anche questo capitolo color nero pece. La mia vita, come se seguisse un cinico disegno a scadenza, si stava nuovamente sgretolando. Antonio non mi parlava più, papà stava morendo senza sapere che un germoglino mi stava crescendo in grembo. E Massimiliano aveva un timer interno che si stava esaurendo.

L'infermiere quella mattina si presentò come sempre puntuale per detergere papà che ormai faticava anche a respirare, ma lui gli fece un gesto con la mano come a dire «Oggi no, non me la sento.»

L'infermiere uscì. Rimasi sola con mio padre. La stanza era in penombra, immersa in uno strano silenzio. Papà era dimagrito molto nelle ultime settimane, emaciato nel corpo e gonfio in volto a causa del cortisone. Disteso sul letto, la testa adagiata su più cuscini, mi avvicinai a lui. Era sveglio? Dormiva? Stava pensando? Avrei tanto voluto sapere se io fossi inclusa nei suoi pensieri. E, se sì, come mi stava pensando? Sempre e soltanto come *un problema* difficile da gestire?

La morfina lo stava traghettando verso un luogo lontano da cui non avrebbe più fatto ritorno. Mi auguravo che la mamma fosse già lì, pronta ad accoglierlo. Chissà, seduta su una nuvola, le gambe a penzoloni, i capelli rossi mossi dal vento. Se li era tagliati? Da sola come aveva sempre fatto oppure aveva trovato delle mani angeliche di cui potersi fidare? Mi persi a immaginare la loro *vita oltre la vita*.

«Ma da quant'è che sta così?» Una voce mi riportò nel

mondo reale. Era la dottoressa che lo aveva in cura. Sfilò un paio di cuscini, controllò occhi e polso, misurò i valori, pressione: 40/70. Gli sfiorò appena le dita delle mani, erano rigide, bluastre. Poco dopo papà entrò in coma.

«Chiama i parenti» mi disse. Lo feci. Informai zio Alberto che a sua volta avvertì gli altri. Restai accanto al suo letto a pensare con lui. Sì, perché per un attimo, come non accadeva da anni, come forse non era mai accaduto, ebbi la sensazione che i nostri pensieri si fossero finalmente incontrati. Non c'era bisogno di parlare, non avrei dovuto difendermi, alzare la voce. Per un attimo mi sembrò facile dialogare con lui. Arrivarono zio Alberto e zio Enrico con le rispettive mogli e figlie. Ci mettemmo tutti attorno al suo letto, qualcuno piangeva, a me le lacrime non scendevano, si erano congelate.

Alle dieci di sera papà se ne andò a cantare da un'altra parte. Non so dove. Il suo corpo era lì, immobile, quasi spettrale, ma io lo immaginavo su di un palco di luce, il microfono in mano, la giacca con le frange. Al momento, la mamma ancora non l'aveva raggiunto, gli avrebbe lasciato il tempo di adattarsi un po', poi sarebbe sbucata fuori, all'improvviso, come faceva a ogni suo ritorno.

Non potevo sopportare che stesse soffrendo, che faticasse a respirare, che l'aria non ne volesse più sapere di entrare nei suoi polmoni. Feci di tutto per convincermi che quei respiri spezzati non fossero i suoi, che quell'agonia dentro al petto fosse solo un nuovo e bizzarro modo di respirare ora che si stava preparando a decollare verso l'eternità.

«Oh» gridai. «Papà! Papà non respira!»

Sobbalzai a quella lunga, atroce espirazione, a cui non fece seguito più nulla.

Perché non stava riprendendo aria?

Respira. Respira. Respira. Ti prego, non andare. La mamma può aspettare.

Sai che ti dico? Anche se non potrai più cantare, i tuoi fan ti vorranno bene ugualmente e i tuoi nipoti potranno godersi il loro nonno-rock fino alla fine, ma ora non è la fine. Resta, non te ne andare!

«Il cuore batte ancora» disse qualcuno.

Eh, certo che batte ancora, papà non se ne vuole andare. Il suo cuore matto è forte.

«Posso rimanere un attimo sola con papà?»

Uscirono tutti. Non respirava più. Gli sfiorai una mano, il polso. Anche il cuore sembrava aver interrotto la sua corsa.

«Papà, adesso che hai smesso di soffrire devo confessarti una cosa, avrei voluto dirtelo guardandoti negli occhi, magari questa volta ne saresti stato felice, ma temevo che tu potessi soffrire più di quanto non stessi già soffrendo. Ti saresti preoccupato, lo so… Sono incinta, papà, del tuo quarto nipote.»

La sua espressione rimase inalterata, non sbiancò di più, non irrigidì la mandibola, non disse «Cris, è una tragedia!» Ripensai alle altre volte. A Mirko, Martina, Melissa. A quando glieli avevo annunciati. Alla sua reazione.

«Spero che mi starai vicino da lassù.»

In quel momento sentii una porta aprirsi, una furia dietro di me «Tony! Tony! Noooo, che mi combini?»

Cosa ci faceva Edoardo Vianello qui? Chi lo aveva avvertito? Nessuno sapeva delle sue condizioni.

Si avvicinò al letto, sfiorò una mano di papà, lo chiamò in lacrime. Entrarono gli zii e da quel momento si mise in moto una sorta di giostra emotiva a cui fece seguito quella mediatica. Ne fui letteralmente travolta. Non ricordo che sprazzi. Il dolore quando è troppo smembra la realtà, la stravolge.

Chiamai Massimiliano, corse subito da me. Fuori dalla clinica, intanto, si stavano radunando giornalisti e semplici curiosi. La sera al telegiornale di mezzanotte diedero il primo annuncio a cui ne fecero seguito molti altri. *Il re del rock'n roll italiano si è spento... Se n'è andato il Cuore matto della musica italiana.*

Il giorno del funerale fu angoscioso. Salii sul carro funebre con zio Alberto, arrivammo al Santuario della Madonna del Divino Amore, in quel luogo papà aveva fatto parecchi concerti di beneficenza e lì aveva scelto di essere condotto per l'ultimo saluto alla sua gente. C'era una folla da non credere, un oceano senza fine di teste, braccia alzate, che si apriva per farci passare. Per un attimo pensai... sperai... No! Non eravamo a un concerto, pronti a salire sul palco con l'adrenalina a mille. Anche sforzandomi, non mi sarebbe uscita nemmeno una smorfia, figuriamoci un sorriso. Dentro sentivo solo silenzio. Nero assoluto.

Ma quanti fan ha papà?

Quale famiglia allargata ha saputo costruirsi sulla Terra?

Dal finestrino intravidi volti in lacrime, alcune copie di Little Tony, lo stesso ciuffo impomatato, giacche con le frange, pantaloni scampanati. Vidi delle Cadillac smaglianti. I conducenti, che certamente mio padre conosceva, le fecero rombare: un ruggito che lo avrebbe fatto sorridere. C'era mezza Roma. Roma e soprattutto i suoi dintorni, le borgate, i Castelli, le campagne, c'erano i paesani con la faccia ruvida, quelli delle feste in piazza che piacevano tanto a papà. Erano il suo lustro. I suoi cavalli di battaglia. Centinaia e centinaia di fan che in cinquant'anni non lo avevano mai abbandonato, erano cresciuti con le sue canzoni e attraverso di lui avevano conosciuto e apprezzato il rock'n roll. Con *Riderà* e *Una spada nel cuore* in sottofondo si erano innamorati, fidanzati, sposati, avevano messo al mondo figli, talvolta si erano lasciati o si erano trasferiti fuori dall'Italia in cerca di fortuna. Ma quelle canzoni se l'erano portate dietro come le foto di famiglia per poi lasciarle in eredità ai loro figli, pure ai nipoti. C'erano anche loro in quell'oceano di braccia e volti: almeno tre generazioni in lacrime.

Un microcosmo canterino e colorato era presente, al di là degli impresari che lo avevano ignorato, delle case discografiche che lo ritenevano sorpassato e non più vendibile, di qualche suo collega che lo aveva giudicato con troppa superficialità. Per quel fiume di gente Little Tony non aveva mai conosciuto un declino artistico, anzi, era rimasto il re del rock'n roll italiano, il più romantico degli yé-yé. Lui, che non si era mai montato la testa e si fermava a parlare con tutti e conosceva i nomi di ogni membro del suo fan club, che firmava autografi al termine di ogni concerto fino a tarda notte e che tutti rispettavano perché aveva avuto il coraggio di non tradire mai se stesso, di non compiacere le richieste di mercato e scimmiottare nuove mode e modi di cantare.

Quel tempo in cui mio padre aveva fatto cantare milioni di *ragazzi come lui* e fatto battere il cuore alle figlie non si era disperso, era ancora lì, con noi, in quell'immenso piazzale davanti al Santuario del Divino Amore. Sfilavano madri di famiglia, padri attempati che non avevano ceduto alle lusinghe della tinta, c'era la "generazione yé-yé" che all'epoca aveva fatto storcere il naso ai grandi parolieri, ai tradizionalisti del bel canto.

Non ci sarà stata la stampa "colta" o i tuttologi di certi salotti bene che non gli avevano mai perdonato una vita leggera in periodi in cui tutto era impegno sociale e *politica musicata*, ma c'erano le sue canzoni e tutto il suo spirito genuino che mi scrollava dal torpore. Sono certa che papà si sarebbe fatto una delle sue risate nel non vedere quelli e nell'osservare, invece, tutti gli altri. I suoi ragazzi, le sue ragazze.

Dal finestrino entrarono stralci dei suoi successi, un gruppo intonava *Cuore Matto,* c'era persino il basso e quel caratteristico tun-tun tun-tun. Poco più avanti alcune signore cantavano *Riderà riderà riderà, tu falla ridere perché, riderà riderà riderà, ha pianto troppo insieme a me.*

Avrei tanto voluto uscire e cantare con loro, ma non ero in grado. Mi sentivo una guerriera fragile, buchi dappertutto, stelle filanti al posto delle gambe. Stavo perdendo me stessa, questa volta, mi dicevo, del tutto. Per sempre.

Per sempre? Esiste davvero un *per sempre*?

Mi stavo perdendo scendendo dal carro funebre, percorrendo quel tratto che mi avrebbe condotto in chiesa, lo sguardo celato dalle lenti colorate degli occhiali da sole. Mi stavo perdendo mentre *la sua gente* scandiva il nome di mio padre e mi faceva le condoglianze, mi toccava una spalla, una mano. Mi stavo perdendo sempre di più. Ero a pezzi. Una spalla. Una mano. Ero quella voce: *Tony Tony*. Papà. Dove sei adesso?

Tentavo di proteggere la mia creatura, una mano adagiata sul grembo. Avrei voluto preservarla da tutto questo sgomento. In chiesa durante la funzione svenni mentre fissavo la sua bara. Mi stesero su una panca. «E questo è solo l'inizio» disse la voce di Antonio.

Avevo fatto il possibile per restare vigile, stringendo i pugni, ancorandomi alla terra, non avevo indossato tacchi apposta, ma i sensi a un certo punto mi avevano tradita. Non mangiavo da giorni, avevo la pressione sotto i piedi, troppe ore di sonno perso in quelle notti interminabili in bilico tra i suoi respiri a metà. Venni condotta dentro l'ambulanza, qualcuno misurò la pressione, controllò il battito del cuore, mi offrì un sorso d'acqua, mi chiese nome e dati anagrafici. Dov'era finito Massimiliano? Cosa ne sarebbe stato di noi, del nostro bambino? Di lui come padre?

Quegli interrogativi senza risposta mi diedero la scossa, quel tanto da tenere gli occhi aperti. Anche Mimmo, che non vedevo più da anni, venne a farmi le condoglianze. Da quella telefonata, da quella rottura violenta a cui ero spesso tornata col pensiero, tutto sembrava essersi inesorabilmente frantumato. E invece…

Per tutto il resto del funerale rimasi sdraiata fintanto che giunse il momento più angosciante, quello della sepoltura. Possibile che la ritualità della morte debba prevedere anche quella tetra procedura? Non è già abbastanza violenta e spregiudicata in se stessa? Papà volle essere seppellito nella cappella di famiglia, accanto a nonno Novino e a nonna Candida. Tutto era troppo forte per me, i rumori soprattutto. Sconcertanti.

Mi feci portare via.

Qualche giorno dopo, nel corso di un pranzo di famiglia, rivelai la mia quarta gravidanza. Si dimostrarono tutti contenti: mentre una vita se n'era appena andata, un'altra stava per arrivare.

Temevo, però, che la mia anoressia potesse danneggiare il bambino. Zia Lidua conosceva una dottoressa che si occupava di anoressia nervosa. Dopo un giro di telefonate venni dirottata presso l'ospedale di Tor Vergata, in un centro specializzato. Trovai un clima accogliente e un team di esperti che si occuparono in tutto e per tutto di me, corpo e spirito.

Il motore si era inceppato completamente e da sola non ce l'avrei mai fatta a ripartire. Mi sottoposi a sedute di analisi, di agopuntura, di yoga, incontrai nutrizionisti, psicologi, tutta gente preparata che non mi fece mai sentire sbagliata.

«Se sei ancora in vita» mi disse una dottoressa, «è grazie alla tua muscolatura da ballerina.» Qualcosa di buono, allora, l'avevo saputo fare?

Sono sempre stata terrorizzata dagli aghi, ma sentivo che quelle terapie mi facevano stare meglio, rimettevano in moto le mie energie e scioglievano le tensioni più insidiose. Un giorno, cosparsa di aghi, dissi: «I miei figli non si meritano una madre come me, sto rischiando la vita, sono piena di psicofarmaci, sto sempre male...»

La dottoressa mi sorrise. Poi si piazzò davanti a me e replicò: «Se ora sei qua significa che la buona volontà ce la stai mettendo.»

Aveva ragione, mi ero messa in cammino. Piccoli passi. Non mi ero data per vinta. Mi rinsegnarono a mangiare. Tre pasti al giorno, leggerissimi, per riabituare lo stomaco ad accogliere il cibo. Mi sembrava una richiesta esagerata: ce la farò a ingurgitare tutto quel cibo? Tutto quel cibo erano porzioni bonsai che sarebbero risultate insufficienti anche a un bambino. Un pugnetto di riso e piselli. Tre cracker. Due spicchi di mela.

Nonostante tutto l'amore che sentivo di provare per lui, avevo paura di una convivenza con Massimiliano. C'erano troppi tasselli da sistemare, troppi fili da tirare, all'occorrenza. Ne sarei stata capace? Ero consapevole che lui sarebbe rimasto ben saldo sulle sue posizioni. O bianco o nero. Nessun passaggio intermedio. «O viviamo insieme oppure non voglio sapere niente del bambino.»

Ad agosto io e Massimiliano partimmo per una vacanza di addio. Pernottammo all'*Ambasciator Luxuy* di Riccione, la Riviera romagnola mi ha sempre messo di buon umore, mi serviva un po' di svago. Necessitava a entrambi. Mi scattò parecchie foto che avrebbe tenuto per ricordo. Sembrava deciso: la nostra storia si sarebbe interrotta se non avessimo fatto come voleva lui. Discutemmo molto, su ogni aspetto di quella che sarebbe stata la nostra vita insieme, ma ci amammo anche molto con un trasporto capace di portarsi via l'intera gamma dei grigi e pure il nero.

Sapevo che era molto attratto da me, non solo fisicamente. Ero un mazzo di carte mescolato alla rinfusa che sapeva sempre stupirlo, fare incazzare come nessuno, ma anche divertire fino alle lacrime.

Quei giorni di mare remarono dalla nostra parte. Ci legammo in maniera indissolubile e io, la notte affogata tra le sue braccia, l'odore della sua pelle appiccicato alla mia, sentivo che senza di lui sarebbe stato impossibile proseguire la mia vita. Ormai ne faceva parte. Massimiliano sarebbe stato un pensiero fisso, un tarlo che a lungo andare avrebbe frantumato la ricerca di una presunta felicità. Lasciandomi davanti alla porta di casa pronunciò il suo addio. Ferreo e inamovibile ribadì che per nessuna ragione al mondo avrebbe fatto il padre a distanza. Non che io lo volessi. Sognavo ancora, e mai come con lui, una famiglia felice, ma mi sentivo spezzata a metà, un'orfana alla ricerca della sua nuova identità.

Passarono alcuni mesi, nel frattempo Pasquale Mammaro organizzò un grande concerto con la *Little Tony Family* al completo a cui si aggiunsero altri musicisti, coriste, ballerine e parecchi artisti, amici di papà, che vollero onorarlo: Bobby Solo, Pupo, Orietta Berti, Dino, i Cugini di campagna, Claudio Lippi e tanti altri.

Massimiliano non si fece vedere, ma so che venne perché mi lasciò un cd con le nostre foto sulla ruota della macchina. Quando le rividi mi sentii ancora più confusa e disperata, non sapevo cosa avrei dovuto fare. A chi avrei potuto chiedere consiglio. Papà cosa mi avrebbe detto? Glielo chiesi con lo sguardo rivolto al cielo, immaginai la sua risposta.

Per sei mesi Massimiliano non disse nulla ai suoi genitori: l'arrivo di un figlio, la nostra convivenza, *shhh* tenuti nascosti come se fossero una cosa di cui doversi vergognare. Ma evidentemente conosceva così bene la madre da prevedere una sua reazione.

«Ma cosa stai dicendo? Un figlio con quella? Io me ne vado

da Roma, torno al paese… che vergogna! Che vergogna!»

Vergogna?

Di cosa avrebbe dovuto vergognarsi una futura nonna? Cosa c'entrava suo nipote? Ce l'aveva con me per un pregiudizio infondato e, d'accordo, me ne sarei fatta una ragione, ci avevo fatto il callo a certe dicerie: la figlia di un personaggio famoso, uuuh… chissà cosa combina la notte. Quando finalmente si decisero a conoscermi ero di sei mesi, un bel pancino a vista che mitigava la mia magrezza. Andammo a cena da loro. Massimiliano ci teneva parecchio, ma io fui molto chiara con lui: «Te lo dico subito, se mi offendono alzo i tacchi e ciao nonni!»

L'atteggiamento dei suoi genitori fu molto diverso da quello che mi ero immaginato. Quando allungai la mano verso la madre, lei me la strinse con calore. Suo padre senza pensarci due volte mi abbracciò. Tutto sommato quel primo incontro non fu così male. In un clima disteso parlammo di noi, dei progetti di convivenza e intravidi da parte loro il tentativo di seppellire l'ascia di guerra per predisporsi alla convivenza.

C'erano molti "ma" che remavano contro di noi. Per Mirko e Martina quell'uomo era un estraneo che io stavo imponendo, esattamente come papà aveva fatto con me portando al casale le sue fidanzate. Cosa avrei potuto inventarmi per rendere quella presenza meno ostile? I miei figli erano in età preadolescenziale, su un'altalena ormonale ed emotiva, avevano appena perso il loro nonno, il padre c'era e non c'era. Peraltro, Massimiliano non faceva nulla per conquistare il loro affetto. A suo dire "quei ragazzi" avrebbero dovuto accoglierlo e non viceversa.

Amavo Massimiliano come mai avevo amato un uomo, non era il fratello che avevo sempre cercato, non era nemmeno l'amico, il confidente e il padre. *Lui era lui,* e io temevo di perderlo.

Poco prima di Natale Massimiliano atterrò nella nostra vita ignaro di quello che avrebbe significato far parte di una famiglia allargata e piuttosto turbolenta, tutto un incastro di personalità e abitudini consolidate, piccole ritualità, parole d'ordine e codici segreti, incontri con i rispettivi padri, weekend da gestire. Non fu per nulla facile per me. Mi impegnai con tenacia tenendo a mente l'esempio di nonna Candida a cui spesso chiedevo aiuto in preghiera. Ma io non possedevo la sua fermezza, il suo carattere docile e mansueto. Io ero una tigre in gabbia con un cucciolo dentro la pancia da difendere, prima che dagli altri dalla paura di fallire e da una malattia che ormai faceva parte di me: dove finiva lei cominciavo io.

Quando Mirko festeggiò il suo quindicesimo compleanno e organizzò una cena con il padre e un gruppo di amici e (per ripicca) non invitò Massimiliano, in casa nostra scoppiò il finimondo. Pensai davvero che se ne sarebbe andato, questa volta per sempre. Mi divisi in due, in tre, in quattro, non so nemmeno io come feci per vestire tutti quei ruoli, ma forse una qualsiasi madre innamorata dei suoi figli potrebbe darmi una risposta. E sarebbe quella giusta.

Piccole acredini, mi dicevo, che col tempo si sarebbero sistemate. Mirko, l'ometto di casa, tentava di proteggere la sua mamma, troppe volte l'aveva vista disperarsi. Non potevo mollare la fune proprio ora: saremmo caduti tutti e ci saremmo fatti parecchio male. Ora la vita mi imponeva di essere il punto di riferimento dei miei figli, il perno della nostra famiglia e io non li potevo deludere. Occuparsi degli altri fa sentire meno le proprie pene, questa volta non avrei potuto crogiolarmi nei miei malesseri.

Mamma e papà mi avevano lasciato il palcoscenico sgombro. O*ra è il tuo turno, Cris!* Li vedevo seduti in prima fila a guardarmi vivere. Li stavo deludendo? O erano fieri della loro Cris pasticciona? Mai come in quei momenti sentii vivida la loro presenza e, allo stesso modo, tanto crudele la loro assenza.

Massimiliano era digiuno di qualsiasi esperienza con i bambini, né si era mai relazionato con gli adolescenti. Melissa era una bimbetta in cerca di calore, affamata della sua mamma. Gli altri due si stavano tuffando nella vita esplorando i primi amori e i mille dissapori che, poi, mi portavano a casa e che io dovevo gestire. Ne avevo per tutti i gusti. Altro che sfumature! Mi dividevo in quattro, in cinque, per assecondarli e compiacerli quanto più possibile. Per non farli sentire mai soli.

Piano piano, tutto cominciò a filare per il verso giusto. Dopo quella cena i futuri nonni accolsero anche me come un membro della loro famiglia. Mi fecero sentire preziosa, un tassello necessario. Nell'attesa che la nostra cucciola nascesse, la nonna cucì tante cosine per la nipotina e quando Melania il 3 gennaio venne al mondo, un cesareo da manuale come disse l'ostetrica, anche per i nonni fu amore a prima vista. Finalmente avevo la mia famiglia, più nessun muso duro, nessun ostacolo al mio progetto di felicità.

I nonni di Melania mi aiutarono parecchio, in tutto e per tutto, e attraverso l'immenso amore che dispensavano a mia figlia ritrovai quel calore che solo accanto a nonna Candida avevo respirato.

Sogna bella bella sogna

Massimiliano si impose fin da subito per accompagnarmi ai nostri spettacoli. Avevo sbagliato a raccontargli delle mie passate avventure amorose, dei tradimenti? Forse sì. Vedeva quelle trasferte come una minaccia all'integrità della nostra relazione e, probabilmente, anche se mi viveva tutti i giorni ormai da anni in una quotidianità senza segreti, un residuo di qualche preconcetto restava vivido in lui: la ballerina sui tacchi a spillo, chissà che combina la notte.

Credo abbia fatto bene a imporsi con me, l'ho capito col tempo e ho apprezzato la caparbietà con cui ha difeso la sua unica condizione. Bianco. Nero. Nessuna sfumatura.

Pensavo che la sua presenza, tutte le sue ferree regole, avrebbero guastato il clima festoso delle nostre trasferte. Dovetti ricredermi. Massimiliano si è dimostrato, fin da subito, un ottimo compagno di avventura e un perfetto organizzatore, non so in quante occasioni ci ha sollevati da noiose incombenze.

La sua presenza, la passione e la tenacia con cui si è sempre speso affinché tutto filasse liscio, me lo hanno fatto apprezzare ancora di più. Ancora oggi si occupa del viaggio, degli alberghi, delle location per i nostri concerti, della sicurezza, di ogni aspetto organizzativo. Ancora oggi quando parto, parte anche lui. Non è prevista, se non in casi estremi di carattere esclusivamente famigliare, alcuna variante. Ancora oggi quando lui non viene mi sento precaria, a metà. Mi piace vederlo spendersi per i nostri spettacoli con tanto fervore.

Anche papà ne sarebbe contento. E quando sono sul palco e incontro il suo sguardo mi dico: *sto ballando, sto cantando per te, amore mio*. Tengo al suo parere, ai suoi consigli che sanno andare oltre l'amore.

In una canzone bellissima che mi dedicò, *Sogna bella bella sogna,* papà cantava così: «Sai figlia mia, la sola cosa che voglio e ti consiglio è sempre l'onestà, aspetta il turno e non cercar ricchezza, se vuole arriverà, è più importante un compagno per la vita che ti accompagnerà.»

Aveva ragione. Il compagno che mi accompagnerà l'ho trovato. Siamo diversissimi quasi in tutto: colori netti lui e mille sfumature io, ma ci amiamo. É l'unica persona che sa contenere le mie ossessioni e sa prendermi testa e corpo, l'unico che non mi annoia e che non trovo mai scontato. Lo ammiro anche perché riesce a tenere testa alle tante Cristiane. Lui è la mia Giuliana, la mia aquila reale (molto terrena e poco aerea) e ora mi rendo conto di quanto io e papà in fondo fossimo simili, per questo ci siamo sempre incornati. Spesso additavo a lui ciò che non sopportavo di me. Sempre alla ricerca di qualcosa di grande, di approvazioni, di cui ci stancavamo in fretta ma che poi temevamo di perdere.

Ma guarda che io ti tengo stretto, Massimiliano! Non ti lascio andare via! Lo faccio per noi e per la nostra famiglia che in dieci anni siamo riusciti a costruire nonostante tutti i nostri "nonostante", le differenze, le litigate e le riappacificazioni. Quando ho sentito scoccare la *mia mezzanotte*, lui non era ancora pronto, si godeva la sua prima figlia misurandosi con una nuova forma d'amore. Per me sarebbe stato il quinto figlio, per Massimiliano il secondo. Auspicavo una gravidanza gioiosa che, per una volta, mettesse tutti d'accordo, senza strategie da escogitare per annunciarla.

Litigavamo spesso, litighiamo ancora oggi e per le più piccole cose. Quelle banali come il coperchio della pentola che uno mette di qua e l'altro di là o per le mie fatine da collezione sparse per la casa che lui detesta nella maniera più assoluta. Ma c'è il tempo per l'amore, le risate e i nostri piccoli progetti.

«Cosa c'è che non va? Cos'è questo muso?» Mi chiese Massimiliano la notte di San Silvestro, allo scoccare della mezzanotte.

«C'è che le tre cose che desidero di più non si avvereranno e quindi non vedo il motivo per cui brindare.»

«Sarebbero?»

«La casa nuova. Il nostro matrimonio. E soprattutto un altro figlio.»

Mi guardò in modo strano: non era un *no* decisivo, il suo. Non era nemmeno un *sì*. Era un *ci penso*.

E, infatti, ci pensammo. Nemmeno poi tanto. Quel bambino arrivò, desiderato da entrambi.

Si chiama Mattia, un nome con la M di mamma e di mare, che significa *dono del Signore*. In qualche modo lo è stato. Mi avevano detto che sarebbe stato impossibile restare di nuovo incinta dopo il supplizio a cui avevo sottoposto il mio corpo. E invece Mattia è nato sano e bellissimo, una cascata di energia dirompente difficile da domare.

Per annunciargli la mia gravidanza chiesi aiuto a Martina, mi consigliò una scatola da scarpe che riempimmo di coriandoli, tra tutti quei colori nascondemmo il test. Positivissimo.

Non sbiancò, non usò parole come *no*, *dramma*, *momento*, *pasticcio*. E *tragedia*.

Mattia non è un no. Non è un dramma, men che meno una tragedia. Non è un momento inopportuno. E non è un pasticcio. Lui è mille volte sì. É la commedia brillante della nostra esistenza, il mio *Marcellino pane e vino* che sì, vero, combina pasticci in ogni momento della giornata e grida a squarciagola i suoi *no decisi* a bordo delle pantofole a forma di riccio. Ma lo amiamo tutti in casa, di un amore che non conosce limiti e credo che anche papà smetterebbe di voler essere solo un nonno-rock per lui.

Cinque volte di più

Caro papà,
dicono che ho il tuo sorriso, la stessa luce dentro gli occhi. Non è un'eredità da poco: sei sempre con me. Ti porto addosso come una seconda pelle. So di non essere stata la ragazza che avresti voluto io fossi, quella viaggiatrice del mondo che si sa divertire ovunque e prende la vita con leggerezza. Ti ho deluso. Ci siamo delusi. Ma l'amore resta, è più forte di ogni nostro *nonostante*. Più forte dei dissapori che ci hanno tenuti distanziati, sempre in difesa, col freno a mano tirato, l'uno nei confronti dell'altro.

Oggi, dopo i miei cinque tesori, dopo aver lottato e solo in parte sconfitto il *mostro interiore*, mi sento una donna migliore. Credo che almeno qualcosa di me ti piacerebbe. Ti vedo mentre ti sfiori il colletto della camicia e mi dici «Cris, non sei poi tutta da buttare!»

L'anoressia, che tu faticavi persino a nominare, è stata uno spartiacque tra quello che ero prima, la Cristiana eternamente insoddisfatta, e quella che sono diventata: una donna impegnata nel crescere al meglio i suoi figli. L'ho odiata, cosa credi? Non ne sono mai andata veramente fiera anche se, sì lo ammetto, provavo un piacere sadico nello sbattertela in faccia come la prova inconfutabile di tutti i tuoi errori, delle tue mancanze di padre.

Nessuno ci insegna a essere dei bravi genitori, tu hai fatto quello che sapevi, un po' anche quello che volevi, anteponendo la tua ragione di vita a tutto, anche a me. Ora lo so, i miei figli sono per me quello che la musica è stata per te. Il Tutto Più Assoluto.

L'anoressia è stata una maestra di vita e di morte, ma di quelle spietate che non ti perdonano nulla. A volte mi ha dato l'illusione di essere onnipotente, molto più forte della fragilità della vita. Lei, la misura di tutto, la dea da omaggiare, a cui prostrarsi, da venerare, quella del *Io posso tutto.*

Passava un giorno e la maestra spietata mi faceva sentire piccola e inutile, meno di un chewingum incollato alla suola di una scarpa. Con lei ho sfidato la vita e ho aspirato alla morte, l'ho guardata in faccia per potermi riprendere in mano un'esistenza diversa da quella in cui, fino a quel momento, ero stata solo una sopravvissuta.

Volevo la mia vita perfetta, la mia vita piena d'amore e avrei voluto che anche tu ne facessi parte. La mamma. Noi. Mi manca così tanto quel *noi*, ancora oggi. E allora faccio di tutto per costruirlo con loro: Mirko, Martina, Melissa, Melania e Mattia, a fianco di Massimiliano. Noi siamo come te e la mamma, due spiriti liberi, cocciuti, esplosivi, che fanno di tutto pur di restare insieme.

Non so, papà, dove tu sia ora. Posso solo immaginarti in qualche cantone di cielo a fianco della mamma, dei suoi capelli rossi che tu amavi così tanto. Mi piacerebbe poter origliare qualche vostra conversazione, anche una volta soltanto. Cosa vi dite? Come ve lo dite? Avete trovato l'intonazione giusta, il ritmo che smorza l'acredine e apre il respiro, quello che lei cercava volando per il mondo e tu cantando?

Mi stai guardando da lassù? Io ci conto, sai. Da che te ne sei andato una parte di me non è più tornata indietro, mi sono sentita ancora una volta mutilata. É quasi contro natura diventare orfani quando si ha ancora parecchio da condividere, un mare di parole da dirsi, di abbracci da darsi, di scuse da porgersi.

Sappi che sei sempre nei miei pensieri, oltre che sulla mia faccia. Non avercela con me per via di questo libro. Certe pagine, lo so, non ti piaceranno affatto. Sei figlio di quella filosofia secondo cui «I panni sporchi si lavano in famiglia.»

Ma per me era importante ripercorrere quelle pagine, senza sfilare il segnalibro dalle più spietate, e fare chiarezza. Certe parole non possono essere cambiate e vanno assolutamente consegnate di persona. Sono una sopravvissuta in cerca della sua felicità. Sai quante donne, quante ragazze, si sentiranno meno sole leggendomi?

Meno sbagliate e colpevoli per aver disilluso le aspettative dei propri genitori. E, se avessero sofferto per delle assenze incolmabili, se si fossero misurate con i miei stessi mostri, forse potrebbero almeno un po' ritrovarsi. *Cura*. Non trovi meraviglioso il suono di questa parola?

Ti ho convinto? Dai, non tenermi il broncio. Se ti avessero chiesto di scrivere un libro su di noi, certe pagine non mi sarebbero affatto piaciute. Ma cosa c'è di più importante della sincerità? Ce la dobbiamo. Me la devo e la devo ai miei figli, a chi ti ha amato e continua a seguirci negli spettacoli che io e la *Little Tony Family* portiamo avanti per tenerti vivo.

Quanta rabbia ci ha impedito di essere felici?

Ripercorrendo la mia esistenza ho rivissuto e provato tutta quella rabbia che strangolava la gola e di cui ora, almeno in parte, mi sento mondata. Se solo si potesse tornare indietro... Cosa ci diremmo? Cosa mi diresti?

Ero sempre così arrabbiata con te. Sempre affamata di un tuo gesto di calore, uno sguardo di approvazione che io inibivo con una furia rabbiosa e tu esiliandoti dai miei dolori. Vedere le cose col filtro dell'acredine non aiuta di certo, noi lo abbiamo fatto per troppi anni. Ti prometto che riprenderò tra le mani i miei colori, quelli più allegri e scintillanti, per seguitare a costruire la *grande tela*.

Quanto vorrei che tu avessi assistito alle ultime due gravidanze, avrei avuto così tanto bisogno di te. Ti saresti inventato qualche ninna nanna per Melania e il piccolo Mattia? Cinque volte nonno-rock. O un nonno a tuo modo. I bambini ci cambiano senza che noi ce ne rendiamo conto e, di solito, in meglio.

Sai, è la loro presenza che mi ha impedito di cadere nel vuoto. Per cinque volte mi hanno salvato la vita. Per cinque volte sono stata una superstite tra le loro piccole mani. Come degli esperti scultori mi hanno saputo ri-scolpire trovando il bello laddove io non lo vedevo più.

La mia vita oggi, grazie a loro, vale cinque volte di più.

Ti abbraccio, papà.

P.S. Ah, se in questi giorni dovessi vedere la mamma dille di farsi sentire. È da un po' che la cerco, pensandola intensamente, ma… niente. Deve essere ripartita. Non dirmi che anche lì esistono gli aerei.

Massimo Boldi ricorda l'amico Tony

Dire chi fosse Little Tony è come dire chi sia Adriano Celentano. Nel senso che Tony ha fatto parte di quell'Italia del dopoguerra che si è riconosciuta nella sua rinascita e anche in quella musica. Una nuova Italia per più generazioni. Certo, con lui anche Modugno, Mina, Orietta Berti, i Camaleonti e l'Equipe 84.

Ero stretto amico di Tony, una bravissima persona, quasi come me. Aveva tutto meno che la voglia di essere perfetto. Amava le donne che l'hanno anche distrutto. Giuliana no, sua moglie Giuliana è stata per lui, oltre alla figlia Cristiana, il vero unico amore della sua vita. Me lo diceva sempre quando ci trovavamo a Carpi, ospiti del Vincenzo.

Tony se n'è andato via in silenzio, credetemi era l'ultima cosa che voleva, amava troppo la vita e la sua musica. La notizia della malattia lo ha messo ko, non ci voleva credere e non lo disse a nessuno. Anzi no, a uno lo disse, al Vincenzo. Io e Tony abbiamo pochi anni di differenza, Tony la sua giovinezza se l'è davvero goduta come pochi artisti hanno saputo fare, ma senza mai eccedere, senza mai andare contro i suoi principi. Sapeva di essere un grande, anche "unico" nel suo genere.

Quello che desiderava se lo prendeva lavorando e amando: le belle macchine, le belle donne e le sue giacche strabilianti che nessuno, eccetto lui, avrebbe potuto indossare.

Lo ricordo come un uomo di grande sensibilità, umiltà, mai indifferente alla vita degli altri. Semplice e schietto nelle relazioni, nonostante uno stile di vita che pochi si potevano permettere, ma lui si era guadagnato tutto con onestà e molta tenacia. Mi permetto di dire che Tony era la locomotiva della sua famiglia, Enrico suo fratello - genio della chitarra - ne è la prova.

Dire che ho perso un amico è poco, dire che il nostro Paese ha perso un grande artista che rimarrà come patrimonio della musica popolare italiana, è realtà.

Sono convinto che Tony, ovunque lui sia, stia guardando verso la *sua gente* e... riderà, riderà, riderààà. Anzi, no: ride, ride, ride.

Il giubbotto con le ali, ricordo di Red Ronnie.

Tony era un personaggio unico, meticoloso, perfezionista. Arrivò al "Bandiera gialla" con una Cadillac tutta bianca, dovevamo effettuare delle riprese per la mia trasmissione. Tony mi fece notare dei moscerini sul parabrezza. Nonostante lo avessi tranquillizzato dicendogli che nelle riprese non si sarebbero visti, lui da perfezionista qual era mi disse: «No Red, è meglio se la puliamo.»

Allora, gli lavai la macchina con attenzione, era felicissimo che me ne prendessi cura. Era una persona dolcissima, ho passato a casa sua momenti indimenticabili. La prima volta che andai al suo casale, si aprì il cancello e mi ritrovai davanti l'Elvis Presley boulevard. Gli dissi: «Perché non ti metti qui e fingi di essere Elvis Presley?» Lui si mise in posa e cominciò a interpretare il suo mito. Amava giocare, divertirsi.

Quando gli raccontai che alcuni artisti, tra cui i Camaleonti, avevano fatto la pipì dentro la sua Ferrari perché lui era riuscito a fare parecchi soldi e loro andavano ancora in giro a bordo di furgoncini scassati, lui non si arrabbiò. Mi disse: «Quella Ferrari ora è in America e vale milioni di euro.» Prendeva tutto in maniera leggera.

Mi è dispiaciuto che dopo il Sanremo con Bobby Solo non abbiano organizzato un tour insieme perché sarebbe stato fantastico vederli sullo stesso palco. Erano una forza. Uno diverso dall'altro, ma complementari. Davanti all'Hotel Imperiale a Rimini durante il mio "Bandiera Gialla" diedero vita a un live pazzesco con Enrico Ciacci alla chitarra.

Si dividevano le parti, tra loro c'era molto affiatamento.

Tony aveva un microfono intonato a ogni abito che indossava, era scrupoloso anche nell'abbigliamento, curava ogni dettaglio. Era molto orgoglioso che nel libro di Agostino fosse stato definito il cantante meglio vestito.

Mi raccontò che andando a Woodstock aveva visto Jimi Hendrix con il giubbotto di pelle bianca e le frange sulle braccia, fu allora che disse al suo sarto di fiducia: «Ne voglio uno così.»

Era diventato talmente mitico quel giubbotto che, dopo *Canzonissima* dove l'aveva indossato, prima di una serata gli chiedevano: «Senta, ma porta anche il giubbotto con le ali?»

Tony era diventato un tutt'uno con il suo giubbotto con le ali. Tra tutti i cantanti della sua generazione era quello che in assoluto ha curato di più la sua immagine.

Mi raccontava le sue storie, le sue vicende. L'amore che ha sempre avuto per sua moglie, anche quando per un periodo, a seguito della separazione, non si erano visti. Lei restava la donna della sua vita. Era contento che nel momento in cui Giuliana si fosse ammalata lo avesse cercato.

Tony era molto orgoglioso della figlia. Quando andai al casale per fare le riprese era felicissimo che ci fosse anche Cristiana, ballava sulle musiche di Michael Jackson… Quelle riprese sono da qualche parte.

Ringraziamenti

Ringraziamo Angelo Petruccetti, arrangiatore e pianista storico di Tony, pilastro della *Little Tony Family* e coordinatore dell'intero progetto. Se siamo arrivati in fondo, in un periodo di pandemia mondiale, è soprattutto grazie a lui che ha saputo tenere tutto agganciato.

Alberto Ciacci e la moglie Lidua per i preziosi racconti su Tony artista emergente, padre e fratello.

L'amico del cuore Francesco Rosci che gli è sempre stato accanto, fino alla fine, e ci ha regalato aneddoti e segreti. Per spirito di fratellanza: alcuni non li ha voluti rivelare.

Il fidato manager Pasquale Mammaro che lo ha accompagnato professionalmente, e non solo, negli ultimi vent'anni della sua carriera, imparando da lui l'arte della perseveranza e restituendogli fermezza ed entusiasmo.

L'amico Marco Zingaretti da cui tutto è partito. Un bel giorno del 2019 ha presentato Teresa a Cristiana che da sempre avrebbe voluto scrivere un libro su suo padre. «Fidati di lei.» Lei si è fidata.

Luciano Ferrari, Piero Masella, Roberto Valerio, Francesco Vidoni, Vincenzo e Giuliana Nappa, Salvatore Caruso, amici storici di Tony, sempre presenti nei progetti della *Little Tony Family* e anche in questo che, oltre al libro, include un video-concerto che, attraverso la voce del giornalista musicale Dario Salvatori e il contributo di tanti artisti del panorama musicale italiano, racconta tutta la sua carriera.

Infine, ma non per ordine d'importanza, il gatto Poirot che ha tenuto compagnia a Teresa durante la fase di scrittura e quella di lettura e rilettura.

Sommario

Prefazione di Mara Venier	7
Sopravvissuta	11
Valigie	18
Corteggiamento	26
Un matrimonio lampo	33
Le fidanzate di papà	38
Cinquanta surrogati di mamme	44
L'arte della cura	56
Rabbia & felicità	68
La grande tavola apparecchiata	74
I racconti di papà	79
Primi batticuori & altre conseguenze	86
L'amore ti cambia e il dolore di più	98
La musica ci ha salvati	107
Il vocabolario dell'amore	115
Ossigeno	126
Anoressia, alla ricerca della mia identità	132
Lo specchio e il piatto	140
Risarcimento emotivo	152
L'aquila di vetro	168
Foto	175
Non finisce qui	193
Ovunque e comunque	200
Una vita a colori	216
Sogna bella bella sogna	240
Cinque volte di più	244
Massimo Boldi ricorda l'amico Tony	248
Il giubbotto con le ali, ricordo di Red Ronnie.	250
Ringraziamenti	253

Finito di stampare nel mese di giugno 2021
presso tipografia Modulgrafica Forlivese SPA